華志文化

華志文化

藏在中文裏的神祕世界

周易一次解密

本書談《周易》之【總解】【分解】【析辨】【運用】【注釋】詳細內容闡述盡在書內。

本書，於理序（而非敘序）上先將《周易》所體現筮占儀節作一番徹底的耙梳尋繹，然後把相關占理的文化性及其可藉為探勘占事祕境的參考座標特徵予以全幅朗現，並且再以所內蘊的氣化世界觀用為對治西式創造世界觀所遺禍害，終而完成新解一部迷離惝恍的書。

周慶華⊙著

書內容簡介

從筮占的遺留，到被編纂成書且採作占筮的範本，再到被增衍成分而演為通行本形態，《周易》一書已歷經多重的變遷。後人不察此中曲折，只就後者入手而解者紛紛，導致原筮占的流程及其所體現的意蘊神態儘付闕如，大不便於《周易》在並世學問中取得有利的發言位置。這就有待本書來從新計議，先將筮占的來龍去脈釐個清楚，然後才據以為說釋文本，終而匯合我國傳統文化一起開啟匡世的偉業。

作者簡介

周慶華，文學博士，大學教職退休。出版有《語言文化學》、《走訪哲學後花園》、《後宗教學》、《死亡學》、《靈異學》、《中國符號學》、《生態災難與靈療》、《文化治療》、《語文符號學》、《靈異語言知多少》、《《莊子》一次看透》和《君子學：後全球化時代的希望工程》等七十多種。

序：藏在中文裏的神祕世界

　　《周易》本是西周時代筮占的遺留，畫記及其繇辭各自庋藏於官府，後經專人編纂成書而採作占筮的範本。時移境遷，相關筮占的源頭已被淡忘，傳易者又在畫記上增添數字名目以炫人耳目，並且大肆衍義，儼然是一部刻意寫就的著作。中間因為倖存於秦火之後，被經生獨攬為瓌寶，或據以說象數，或兀自解義理，或好事牽連河圖洛書，從此皇皇然張揚於世，以迄於今。

　　像這類紛紜說數《周易》的現象，本應許為是詮釋的常態而毋須給予訾議什麼；但當有意無意的離題解會逐漸掩蓋過原筮占的光芒，致使有關占理所體現的意蘊神態始終闇默不彰，這就不能等閒看待了。換句話說，後人都把《周易》當成是「人為的天書」而恣意加以塗附枝蔓，這只能算是傳易有功而還搆不上善於解易。後者可以在優為詮釋的前提下從新為《周易》展演一幅正宗或道地的樣貌，讓它能夠在並世學問中取得一個穩定且有利的發言位置（先前各種支裂解易的說詞都已嫌面目模糊，更別說要藉它們來開啟什麼匡世偉業了）。

　　本書正是在做這一嘗試，於理序（而非敘序）上先將《周易》所體現筮占儀節作一番徹底的耙梳尋繹，然後把相關占理的文化性及其可藉為探勘占事祕境的參考座標特徵予以全幅朗現（從而顯發藏在中文世界裏的最先圖

象），並且再以所內蘊的氣化世界觀用為對治西式創造世界觀所遺禍害，終而完成從一部迷離惝恍的書→在減法和加法中看《周易》→《周易》當是筮占的遺留→編纂成書後《周易》衍為占筮的範本→詮釋及其演繹《周易》的流變→試為歸整筮占模式以解開《周易》的謎團→從新認知《周易》所體現精神在當今的意義等系列有關課題的總解密及從《周易》可綰結的體例→依體例所作《周易》六十四卦的疏解→白話詩證《周易》等系列逕涉文本的分解密工作。

周慶華

目 次

【析辨】／201

【運用】／221

【注釋】／233

【總解】
一、一部迷離惝恍的書

在我國傳統典籍中,《周易》一書最為突奧難理。它從書名取義到畫記符號、數目布列和文辭著錄等,都疑竇滿檔,很費究詰,不知折煞多少人在為它窮呼浩嘆,沒有了時。

所以會引出這種困折現象,大概跟詮釋範式無以有效建立以及短見各有因襲而日久沈溺等變數相關。前者(指詮釋範式無以有效建立),乃緣於去古敻遠,《周易》的履歷早已非解會者所能參與,以致大家只能憑空想像而漫無準的;後者(指短見各有因襲而日久沈溺),這則是先行解會者旁通無門,只好據地揣測或強為增衍,不意造成繼起者學樣懶怠於思辨而自陷雲霧莫辨窘境!

正由於解人難得,致使《周易》的面目始終模糊一片,可說近三千年來一部最現迷離惝恍且形制堪稱甚大的書。這種大,不是基於它篇幅有什麼可觀的量大,而是因為它涉義廣漠到足夠被人尋繹不盡而體現一種能無限延異的質大。也因此,先出

的釋繹書如《繫辭傳》所以為易道「**廣大悉備**」[1]，就得反過來看：那是解會者把它說大了，《周易》原先的樣子還不可知（又如何肯定它有什麼廣大悉備呢）！但話說回來，解會者本就有權力依便賦予《周易》的意涵，而展演出理解某個對象必有先備經驗／方法意識等為前提以及權力欲望／文化理想等深層發用此一多重因素的約制樣態[2]。在這種情況下，要說《周易》有多麼的突奧難理或具體詮釋範式闕如，也就顯得不夠真切（實際上是大家將它引到那迷離惝恍的境地裏去了）。倘若有人想從新把它導向一條不同的思路，那麼只要所說的易義妥適且井然有序（不違認識條件和邏輯法則等），理當會獲得有相似經驗或相同背景者的賞鑑[3]而自成一種新的詮釋典範。

依照這個理則，如果要說這是從眾作蕪雜中逸出而為一種最新解密的工作，那麼本身便僅僅是尋求相互主觀性下的自我限定以及期待他人前來認同的籲請促發而已；此外就無所謂《周易》本來面貌如何或應該怎樣解會才算正理一類問題存在。換句話說，在我這裏也只意在顯露一種新

的詮釋策略（可不可取則留給讀者去研判裁決），而不敢必定可以通到《周易》被造時的原始心靈（以獲得反向的相互主觀性）。整個的自信在於：這一新的詮釋策略，大有解開《周易》所隱藏一段應有或理中合有的祕辛作用，很可以激勵世人另啟慧眼且據為發微或昌皇致效。

二、在減法和加法中看《周易》

上述所謂的祕辛，是指《周易》表面還未顯象也未經解會者參透條陳的部分，並且連帶溯及它可能深具的神妙性。此一解密作法，似乎又有要強通到《周易》被造時的原始心靈，而明著違反自我所設定詮釋的範限。其實不然！《周易》被造時的原始心靈不可知，所可知的是我們根據理則而探向那隱象終於得出一幅比較便於尋繹的圖畫，因此將它備列於同屬神妙性事物的領域。這時相關「未經解會者參透條陳」的宣稱，就只是對比詮釋下一種新發現的展示罷了，毋須受到膠柱鼓瑟式的指責。

　　從既有的文獻來看，通行本《周易》（王弼注本）所結穴的書名／畫記／數字名目／文辭等成分，大多得反常俗而改採減法先試予對待，看它究竟體現了什麼式樣，才知所詮釋的取徑。也就是說，《周易》一書在早期被敘及時，並未見偌多部件及其相互關係；倘若把增衍的部分減去，那麼我們將會發現古來解易能者所不察的層面竟然遠超出大家的想像（而這正是理解《周易》恰切的起點）。

　　首先是書名《周易》，全稱僅見於《左傳》、《國語》和《周禮》等（顯然那只是為了區別異代而沒有其他用意），先秦諸子所引則都不冠周字，可見周字是後人添加上去的（不大可能是先有全稱而被徵引時剛好都改為略稱）；而這一添加，往後就多出了不少釋義爭議（詳後相關章次）。

　　其次是通行本畫記有連線（—）和斷線（--）二種且數量各為六，並非盡是通例；尤其是斷線部分，安徽阜陽所發掘竹簡《周易》和長沙馬王堆所發掘帛書《周易》就分別作︿和丿乚，形狀全異且有離有續（續指的是︿）。這如果把它納進來看覷（至今尚未見有人先比較三個版本後再論畫記的

取義），當會發現歷來解易者窮為對兩種畫記分屬陰陽的揣測頗有疑問。至於另以為六畫記（並稱它為六畫卦）是從三畫記（並稱它為三畫卦）疊加演變而來的，則又是望文生義，盡屬無稽附會（詳後相關章次）！

再次是通行本六畫記都有搭配九、六和初、二、三、四、五、上等數字名目（名目指以初代一和以上代六等），這在《左傳》、《國語》、《論語》、《尸子》、《荀子》、《莊子》、《戰國策》、《呂氏春秋》和《禮記》等書所引《周易》（或《易》）繇辭中全然未見，則又可知此內多有衍增的痕跡（既然那些數字名目都是衍增的，那麼通行本乾坤二卦末尾所著錄的用九／用六等文辭可知也是添加的）。

再次是通行本都有篇題，而解易者也多據以為闡說全書的結構；但從竹簡《周易》和帛書《周易》的殘卷來看，不僅沒有篇題，而且卦序也大不相同，這豈不顯示通行本在獨為傳承過程中又被賦予了不少東西（包括作易的旨意及其排列組合的用心和指涉的寓意等）？

此外，向來有關畫卦／重卦／繫辭等

誰屬問題，所見議論紛紜，以及通行本眾多異文且跟他本相比又宛如兩個系統等（光乾坤二卦名，就有帛書作鍵 ⅲ 和漢石經坤作 *w* 等無法為說易者所能面對通行本那樣定要解會），這不啻是在將通行本一系的詮釋進路悉數加以打破，而任由喧呶眾說嬉移流散無以終結！

以減法來看《周易》，所該裁切的就是上述那些添加衍增的部分（至於有所附會或強著意見乃屬解易者所為的說數，就暫且不計入了）。這樣《周易》就酷似殷商的甲骨卜辭 [4]：單一的畫記形同兆坼，畫記旁（下）文辭猶如卜人的占斷，合而為一可意會的筮占形態。這恰是秦始皇焚書「*所不去者，醫藥卜筮種樹之書*」[5]而《周易》屬類得留所能還歸或保本的形式處；否則一如通行本那般多出難以勘驗的部件（諸如九、六、初、二、三、四、五、上和用九／用六那些東西，都不便直接跟筮事係聯），就得大費思量了。

即使如此，在理解《周易》時也不能僅是將它減卻成上面那樣簡易版（也就是只存畫記和文辭二式），還得有加法介入來充實它的內涵而構成另半對待《周易》

的方式。原因就在那居關鍵地位的文辭（畫記乃隨機取用而不具關鍵性。詳後相關章次），它所結撰的模式以及被整合成書和希冀發揮什麼功用等，都需要加碼給予詮解（《周易》文本並不自我後設說明此中義例），因而得出一個已賦義可知曉的《周易》作品[6]。由於這種加法的對待方式是從原文辭（扣除乾坤二卦末尾所著錄的用九／用六等文辭）蘊意而摩想演成的，有別於上述所見傳易者的任易增添部件，所以它就得自擇殊異性的另為註記，才不致發生或造成混淆的事。而這則要等到後面相關章次再加以詳論，現在只先點到為止。

三、《周易》當是筮占的遺留

就《周易》所著錄文辭儘多吉凶悔吝的占斷[7]來說，乃屬甲骨卜辭一脈而自擇筮式（占媒不用甲骨而另採筮策），所成就各卦理當都是筮占的遺留。據此前人有所謂伏犧畫八卦、周文王演為六十四卦（並繫辭）和孔子作十翼（包括《象傳》／《象傳》／《文言傳》／《繫辭傳》／《序卦

傳》／《說卦傳》／《雜卦傳》）等「人更三聖，歷世三古」一類繁事[8]，則是無端在塗附枝蔓，終究難窺該筮占的底蘊（被強為走調旁牽的緣故）。

恰因《周易》各卦都是筮占的遺留而不雜屬其他非關筮事的東西，致使體現於減卻樣態的整體情況就多有可說處：第一，原筮例想必甚多（一如《尚書》和《詩經》等著作裒集前存篇無數那般），在彙編為《周易》一書過程中勢必得汰除重複且擇要以充篇幅，而正好湊成六十四卦數（緣於各卦一律是六畫註記，甚巧有乾坤震艮離坎兌巽等成相同三畫疊象，馴致前人普遍誤以為先有八個三畫卦的存在）。

第二，《周易》成書前後，雖然不知道有多少人參與編纂及其採為易教用途，但可以猜想的是人各有執本且付諸被參鏡行動，才會發生《左傳》和《國語》等所載依據《周易》範本去占筮卻常見未符通行本繇辭的案例[9]，因為那些案例都已明列在其他未定本中（該未定本所取例或是筮事相同且定名一致卻因占辭殊異而被採擷以互別苗頭），不教有心人就近借鑑也難！

　　第三，通行本《周易》所留存已被論者發覺的某些疑點，在前二項說法底定後便有機會給予適當的解釋（形同是在補充前二說）。例如有人取帛書《周易》跟漢熹平石經、王弼注和朱熹本義等版本相比較，以為此本具有較原始的形式，而懷疑後來的本子可能是在這個基礎上加工改造的[10]。這只是推測，可靠性如何不得而知（也許那是兩個系統，各有所承罷了[11]）。旁證則在卦名，通行本所見的，異文頗多[12]，可知通行本絕非本來面貌；至如帛書本卦名，也多跟通行本不同且頻用假借字[13]，顯然帛書本確是自有承繼而不宜被測定為通行本的源頭。此外還有卦爻辭，自《左傳》、《國語》以下，所引易辭多少都跟通行本有些差異，這當是古時尚未有定本所致（如上所述）；但連同帛書本也沒得近前跟那些引例相印合，可知在帛書《周易》前同樣有更早的本子而無從任人作橫向的牽繫。

　　總括來說，《周易》為筮占的遺留且被編纂成書，原則上是大可確定的事。而它的屢經修訂（從部件的增衍和著辭的更易等跡象來研判），也反映出此書纂成後並

不盡孚傳易者所望必一再斟酌改定而後
快的心理。依此前人所出的「聖人立象以
盡意，設卦以盡情偽，繫辭焉以盡其言，
變而通之以盡利，鼓之舞之以盡神」或「昔
者聖人之作易也，幽贊於神明而生蓍，參
天兩地而倚數，觀變於陰陽而立卦，發揮
於剛柔而生爻，和順於道德而理於義，窮
理盡性以至於命」[14]一類屬失察且又太過
冠冕堂皇的話，也就可以別為看待（詳後
相關章次）而毋須再強拉來拼湊繹理《周
易》的形貌意態，畢竟那些都無助於對優
先筮占一事確切或有效的掌握解會。

四、編纂成書後《周易》衍為占筮的範本

　　所以說《周易》乃經過纂集且屢次修
訂才成書，是緣於這原已有論者從卦爻辭
的體例殊不一致而斷定《周易》為卜筮紀
錄且由後人編纂始成；又指出《左傳》／
《國語》所引易辭沒有九、六數字而再斷
定《周易》嘗歷經第二次的編纂等[15]，皇
皇言說在前，不好略過不予理睬。

　　縱是如此，上述論者又於文中所必以

為卦爻辭本身乃雜湊而成部分[16]，尚缺乏旁證，在此不敢議論它的是非（很可能原筮占時著錄就是這般規模）。倘若就九、六數字不是《周易》本有一點來說，還可以援前面所舉先秦諸子史略著例連初、二、三、四、五、六、上等名目數字也是後人所加的相附，那就更確信《周易》沒有經過纂集且屢次修訂是到不了像通行本這樣的格局版式。

不論過程如何複雜，《周易》被編纂成書後自有用途，則又是一件特別值得重視的事。據古書所示，決疑以卜筮已是慣例，所謂「爾卜爾筮，體無咎言」、「愛疑，決之以卜筮」和「昔者聖人建陰陽天地之情，立以為易。易抱龜南面，天子卷冕北面。雖有明知之心，必進斷其志焉。示不敢專，以尊天也」等[17]，都可以為證。這麼一來，有《周易》這類的筮占遺留（正如殷人有甲骨卜辭的紀錄存檔），也就自然成事；而另經一番編纂定案以便作為他日占筮的參鏡，則又可能性大且勢必為重心所在。

後者（指勢必為重心所在），是說占筮為尋常事，只要有受命者（執掌筮事的人）唯恐占力不逮的，便會尋求既有範本以通

津梁，致使《周易》此類導引書不可或缺的要赫然在目才是正理。也因此，史略所見諸如「（魯昭公二年）晉侯使韓宣子來聘……觀書于太史氏，見《易象》與《魯春秋》」和「（魯莊公二十二年）周史有以《周易》見陳侯者，陳侯使筮之」等記載[18]，不啻就是這一成事後的最佳證驗（文中的《易象》、《周易》等都是範本在案而非原始筮占紀錄的稱名）。

在訴諸筮占以決疑這件事上，它無非也是跟其他求神問卜的方式同一情境。換句話說，它都得透過一個能通靈的中介者作法以請示神意，然後轉告命筮者所占筮結果以為抉擇依據。而該中介者，向來有巫覡一類通俗的稱呼：「古者民神不雜。民之精爽不攜貳者，而又能齊肅衷正，其智能上下比義，其聖能光遠宣朗，其明能光照之，其聰能聽徹之，如是則明神降之，在男曰覡，在女曰巫。」[19]所謂「明神降之」，是指神靈降臨給訊息取聽或直接借體言宣示意[20]。整個歷程，在中介者所能演示的不外有藉舞容、祝禱和符咒等儀式以召請神靈臨場垂示[21]。至於扮演該中介者的人，在進入（晉身）官僚體系後，則

又別有史祝宗卜等職位且在傳承上另加一些必要的養成程序[22]。在這種情況下，執掌筮事的人[23]自身能通靈而請得神示的，自然不必依賴《周易》範本；萬一有不通靈而勉為兼事的，就少不了要藉《周易》範本占筮希冀也能感神以獲冥應。此外，如果有期程培訓新人需求的，那麼也很可能把《周易》範本採作教材，從而傳習不輟。《周易》所以會被編纂成書，因緣大體上就在這裏；而它能夠藉著政治力始終在廟堂上佔一易教要津，也可見相關筮占的始源已經在周人的決疑系統裏旗幟鮮明（有別於殷人專事卜占），足以被刮目相看。

　　這是說《周易》從筮占的遺留而被編纂成書後衍為占筮的範本，除了為因應易教所需，理當還有特定的時空條件在背後制約著而不宜遭到世人混淆對待（僅僅視它為一隨機性變數）。換句話說，周地人決疑主要採現世發明或古來就有的筮占方式，所能取鑑的自以相關筮占遺留的資料為優先（尚有卜占）。此一專屬性格使得《周易》的存在自我內蘊有一個「從筮占到占筮」所不能無故短缺的理路：就是《周

易》中各卦都源自個別的筮占，受易教等
緣由驅使而被編纂成書後則衍為多方占
筮的範本（被取作異時占筮的參鏡或為了
即刻占筮而找《周易》求印證），從此它就
在時代的更替（由周代殷）中倖而躍升為
經典且一路受到好異者的青睞（我們值後
當然也得另具隻眼來察看它的奧妙演義，
才不致錯失這一長段連緜深遠的歷史明
教）。

五、詮釋及其演繹《周易》的流變

想一窺《周易》所演成有如史詩般劇
力的底蘊，莫過於從歷來說易者的眾多表
出入手，或許可以在對比理解中一舉掀揭
長期被埋藏的祕辛（此祕辛既是隸屬說易
著述的又是連帶關連《周易》本身的）。也
就是說，《周易》在歷經筮占遺留到衍為占
筮範本的波折考驗後，還能逸出別為搬演
一齣曠古異采的勘易連臺戲（殷人卜占就
沒得比照演現），可說是千載難逢的奇妙
事！這裏面一定有特殊的碼單等待尋繹，
而不妨由具足獨到眼光的人予以探查索
解，許它一個附麗靈動的兼美風貌。

　　當中關鍵點就在那個六畫記。周人決疑既然是要在神示後進行，那麼所能招引集結的靈隊（不論是由祖靈組成還是有自然靈介入結構），勢必要有殊異標誌的展示告知，以為聚內排外的憑證（猶如時下流行的通關密碼或逕似企業專屬的 Logo），而該六畫記就是衪們所選用定案且付諸掌筮事者形現的[24]（至於圍在卜占系統周邊的靈隊，則另取甲骨兆坼作為信物，彼此取逕雖然不同但用意卻無二致）。它也許僅是作為方便行事的「權宜之計」（取義容後再行討論），所採擇畫記有區別作用便已足夠，旁人不必無謂牽繫賦義（否則也不致有陰爻畫記如前所述在相異版本中出現ーー／∧／丿乚等不同樣式，因為那只不過是要跟陽爻畫記簡易對列罷了，重點還在占辭所著遺的神示）。然而，傳易者卻多事在既有規模上另添部件而翻成通行本這般的面貌，連帶的相關解會也憑空多出遠超過原筮占所遺留在占辭裏的意涵；而這則不知已歷經幾度逐異詮釋和演繹《周易》的流變了。

　　有論者曾作過考察：「歷代《周易》之學，凡經數變：上下經文，初止用於占筮。

十翼而後，乃藉以闡發哲理。至西漢中葉，
孟喜習災異之術，好以象數說易；東漢易
家，推衍其說，至三國而極。王弼奮起，
掃象數之穿鑿，復歸於十翼之平實，歷六
朝隋唐，定於一尊。下逮趙宋，河圖、洛
書、先天後天之說興，而易學再變，以迄
晚明。遜清考據之學，穿越前代，復排河
洛先後天之謬，而反於漢人之象數。至於
今茲，餘風未泯。惟例變雖多，然綜而論
其大別，則不過象數義理圖書三者而已。」
[25] 這一概括性歸結自然無以窮盡整部易學
史的實況（還有不少支裔並未計入 [26]），但
有關該象數／義理／圖書等三系解易取徑
的條陳，大抵上已能在相當程度上彌補我
們難以充分掌握那紛紛「逐異詮釋和演繹
《周易》的流變」方面的遺憾。

　　更細緻一點的說，該三系解易取徑在
十翼出現時就已經頗顯踪跡了（此外還有
先秦諸子零星解易的言說不及細數 [27]），如
「蒙，山下有險，險而止蒙」和「地中有
水。師，君子以容民畜眾」等 [28]，這就是
象數派的論調；又如「君子體仁足以長人，
嘉會足以合禮，利物足以和義，貞固足以
幹事。君子行此四德者，故曰乾元亨利貞」

和「昔者聖人之作易也，將以順性命之理。是以立天之道，曰陰與陽；立地之道，曰柔與剛；立人之道，曰仁與義。兼三才而兩之，故易六畫而成卦。分陰分陽，迭用柔剛，故易六位而成章」等 [29]，這就是義理派的解繹；又如「河出圖，洛出書，聖人則之」和「天一，地二，天三，地四，天五，地六，天七，地八，天九，地十」和「天數五，地數五，五位相得而各有合。天數二十有五，地數三十。凡天地之數五十有五，此所以成變化而行鬼神也」[30] 等，這就是圖書派的說議。顯然它們都是針對《周易》有了卦名／畫記／數字名目等部件齊備後的形象而發，跟早期所見尚無如此多部件的筮占著錄或占筮取鑑的情況大相逕庭。

如今所不知的是，十翼解易究竟是在添增部件後成形，還是在添增部件的同時一併定格（倘若是後者，那麼該部件的添增很可能是出自十翼作者，相關的「據實釋義」就成了自導自演）；但約略可以肯定它們開啟了易學盛行的風氣，而為歷代好異喜易者所崇尚並衍為自樹解易系統的源頭，原筮占／占筮的所有計慮反而遭到

嚴重的漠視[31]。雖然如此,《周易》在自我演出和被搬弄的過程中也已聲名遠播,場藝劇力宛如史詩般流瀉不止。

　　察考此中所涉詮釋及其演繹《周易》的脈動,大有儒家／陰陽家／道家末流等各據地取義;此外凡是相術／勘輿／律曆／醫術／奇門遁甲／方外煉火等也在援易為說而好奇僻者又援以入易,有關著作已不下千種而冠絕羣經,堪稱是「游歟盛矣」[32]!但這終究脫離《周易》原筮占的情境遠杳(已無從藉為想像當時筮占的具體情況),想要知曉在附麗靈動該兼美風貌背後實質性的祕辛(也就是筮占的運作歷程),還得另闢考索解會的途徑才行。

六、試為歸整筮占模式以解開《周易》的謎團

　　歷來說易者所以一再歧變炫異,大抵都跟他們不願正視《周易》所體現規制化的筮占事有關(好像一向神祕端靠近就會褻瀆它被處理得齊備各種部件似的)。筮占事著重在靈通以為釋疑,本是上自王公貴冑下至升斗小民都不能免俗所一致蘄

嚮的，但說易者卻一逕罔顧占儀而奢談其他，馴致衍生出象數／義理／圖書等越離越遠的解易路數（詮釋及其演繹《周易》迄於圖書流派已到幾近不可究詰地步）。這只會把《周易》推向更晦闇僻境，而難怪始終被初學者繼踵以奧旨難測相看待。

秦始皇焚書，《周易》因屬卜筮書而得以保存（見前），這原該在實務上有一段筮占復振史要歷演的，不意卻被經生攬去紙上談兵而旁出類如十翼那般的解易風潮，自此藉筮靈占的行動絕跡，後人無緣見識再也不知《周易》時代筮事究竟是什麼面貌了。如此一來，所有競相出爐的詮釋及其演繹《周易》成果，就真的只是在證實枝蔓塗附一個蕪囈道理，永遠也窺不得那久被埋沒的靈通禁制啟導蘊意（決疑就在那神示所體現於占辭的禁制啟導語範圍內進行），這毋寧是一件大為缺憾的事！因此，試為歸整筮占模式以解開《周易》的謎團（隱藏在《周易》表面形式內未繹的筮占蘊意），也就成了此刻掀揭專屬實質性祕辛的最要任務。

為了彰顯這有「後出獨能」的意味，不妨先來跟前出的一些易說略為過招，以

見筮事的相貌在解易上不容忽視的特大理則（此處所說的相貌，乃「理當如此」而不定「十分確然」）。好比十翼，不論是何時何人所作[23]，它們在解易上都一個樣子：就是全然指向所增添的部件及附帶，或敘八卦由來而無徵，或說陰陽柔剛六位而難驗，或道天地人三才而罕聞，或演象理聖意而少證[34]；又好比先儒說易再據十翼以多方推衍，不管是崇尚象數還是專主義理或是展演圖書，也都拘牽漫漶難理[35]，幾乎不復可見筮事的影子。其實，只要《周易》的根底還在（就是最基本的畫記和繇辭部分存著），上述的種種僭越或逸格式說詞都可以被還原歸檔，毋須再引來自我殽亂對《周易》的解讀。

　　這不妨從幾個相關筮事的面向看起：首先是筮占必有占筮者和命筮者共同制約前後流程而自成一個徵驗結構。這個結構，涵括著命筮者的命筮辭和占筮者的占筮辭（合稱為繇辭），以及占筮者所選用且為命筮者認同的畫記（由背後的靈隊擇便授予）等。而這體現在通行本《周易》裏的，命筮辭就是被編纂者抽離出來的卦名；而占筮辭則為繫在命筮辭（未析取作

為卦名前的狀態）下面及其連同各爻畫記
一起現身明顯關涉吉凶悔吝的占斷，彼此
合而等待驗證（所謂「徵驗結構」，就是有
此一因占筮而求證驗的心理歷程而予以
稱名）。

其次是命筮者只為決疑而求助於筮
占，舉動相對單純；而占筮者卻因責任擔
負及其能耐受限，很有可能會聚集同僚商
議（或者在官署內本就有執事團隊方便會
筮）而出示占斷結果，以致筮儀過程會複
雜許多。也就是容許有主占筮者先總占而
副占筮者後分占、副占筮者先分占而主占
筮者後總占，甚至從頭到尾都由唯一占筮
者包辦而擬同於有其他占筮者參與占斷
等不同作法演竣，而相關憑藉正是得自神
示的六畫記。

再次是筮儀所藉助的媒介物為筴策
（竹製，類似民俗廟會所用的神籤或江湖
術士所用的卜籌）[36]，上書或刻畫記兩種
（向來有陽爻和陰爻的稱呼）。占筮者受
命後或有齋肅唸咒召請神示的儀式，而唯
獨不能缺少的就是從櫝具中抽取筴策將
所得畫記連六及其占辭告知命筮者，以完
成一個有故筮占的歷程。

　　以上所涉及的畫記／繇辭等，已經有
《周易》書一併在體現（不必別為他求）；
而隱身於背後的占筮歷程，也有《儀禮》
典要著述所載筮事可以印證，後者，如「士
冠禮，筮于廟門……筮人執筴，抽上韇，
兼執之，進受命於主人。宰自右少退贊命。
筮人許諾，右還即席坐西面，卦者在左。
卒筮，書卦，執以示主人。主人受眠，反
之。筮人還東面，旅（眾）占卒，進告吉。
若不吉，則筮遠日，如初儀」和「少牢饋
食之禮……筮於廟門之外。主人朝服，西
面于門東。史朝服，左執筮，右抽上韇，
兼與執筮之東面，受命于主人。主人曰：
『孝孫某，來日丁亥，用薦歲事于皇祖伯
某，以某妃配某氏，尚饗！』史曰：『諾。』
西面于門西，抽下韇，左執筮，右兼執韇，
以擊筮。遂述命曰：『假爾大筮有常，孝孫
某，來日丁亥，用薦歲事于皇祖伯某，以
某妃配某氏。尚饗。』乃釋韇，立筮。卦
者在左，坐，卦以木。卒筮，乃書卦於木，
示主人，乃退占。吉，則史韇策，史兼執
筮與卦，以告于主人，占曰：『從。』……
若不吉，則及遠日，又筮日，如初」等 [37]，
這所敘及命筮／占筮／決疑的歷程至為

明晰，當也是《周易》各筮例成就採行踐履的。後人別有四營十八變一類筮法張目[38]，應非正格，畢竟那已嫌太過繁瑣，恐怕沒人有耐心如此操作及等候（神示也看不出有必要這般曲衍折磨人）。

所能歸整（歸納整敕）的筮占模式，大致如此。這對於解開《周易》自身式樣奇特以及歷來所見解者紛紛等內外在因素包裹成諸多疑問的謎團，諒必可以一舉致效（也就是據此能夠洞徹《周易》的來歷及其用意）。至於說易者所不捨的各種逐異詮釋及其演繹《周易》行動，就隨順讓它繼續去摶造一樁無妨附麗的美事，因為那還有「相益」果效可以一道宣揚（詳後相關章次）。

七、從新認知《周易》所體現精神在當今的意義

前人解易所布列的象數／義理／圖書等諸多流派，在此番對《周易》頗有究源窮本態勢的解繹後（即使這也僅在相互主觀性的企求範圍而沒有客觀性的保障），所揭開的應有或理中合有關涉《周

易》在筮事上的體式及其功能等，想必已經可以強烈對比而另鑄了一種有效的詮釋模式且不再囿於前人的短見因襲，合而足夠藉以從新認知《周易》所體現精神在當今的意義。

所謂「從新認知《周易》所體現精神在當今的意義」，是指探求祕辛工作僅為一必要的過程，終極點上還是要看蘊涵於《周易》文本裏的到底有什麼靈心妙契並能在現實環境中起啟迪世人的作用；而這總歸以「所體現精神」和「在當今的意義」等詞語說實，以為在這概略解密的末端作一收束。

《周易》成書的因緣不論如何隱晦（經過我個人的研議索解其實已有一定軌跡可以想像），只就外觀顯現的體式來說，它所得保本的筮占一事早就嵌入傳統禮俗中（或說傳統禮俗乃藉它而成形），這類故實容或有時空差異在衍變伸展著（詳後相關章次），但有關它在自我文化系統中的優著地位則無從否認且得額外予以重視，才不致錯失所完結在《周易》書內某些微妙的精神體驗。換句話說，筮占事（併同卜占事）從它被要典《周禮》敘儀

性、《儀禮》著儀式和《禮記》發儀義等嚴予定調後，莫不顯示它已經成為傳統禮俗中重要的一環[39]；而這則幸好有《周易》一書留存可供我們聯想該「神祕事計慮不為無故」的心理趨向，終而探得並加以推廣此中蘊涵的特殊精神實質。

至於此一特殊精神實質究係何類，則不妨從上面所提及的「靈心妙契」一義談起：倘若說所有的靈占都是召請神示而神給信據（在筮事則是畫記及其接續的繇辭）[40]，那麼我們從新對《周易》的認知就得把它的結構模式以及被整合纂集成書等所希冀發揮的作用一次想個透徹。也就是說，筮占必有蘊意，而蘊意本身乃是在一番「有靈心且能妙契」的過程中摶成；而此事則得由能感應神靈示現的專職筮者擔負（該感應能力不管是與生俱來還是後天開啟；同時也不排除有假冒者濫竽充數），常人無從憑空勝任。在這種情況下，《周易》所收各筮例經著錄成辭的，就全是所徵得神靈語示的靈語。這靈語在現今歸結已可得出關涉人所不知的靈界事／己身事／物存事／其他事等多種情況[41]，但回到《周易》所處時空來看則未必有類

似明畫的形跡可以條陳（也就是有關繇辭的著錄方式考量以及在裒集過程被更動改易的狀況等，早已杳然不可知），只能從既有存辭中窺探它可能的向度。縱使如此，這一繇辭／神靈語示二者相等同的體類，仍然有可說處（相關的蘊意就在這裏）。而這則能以比較容易意會的言辭來表示：就是為實質「縮結人情／諧和自然」所展演一可大顯高華的縮諧式倫理。這種倫理的實踐（足以使人生德業具豐而崇高化），表顯層次體現於人對泛神敬仰轉求助以獲語示解困；而內隱層次則體現於人本身已有對自然人情和諧性的維持經驗（才會連類更為訴請神示而通縮兩界以臻致整體的平和）。

上述這些再凝聚蘊自氣化觀此一世界觀及其背後有關道的終極信仰，從而活出一幅中國傳統特有的文化圖象，大可相區別於他者的異質演展（詳後相關章次）。這一縮諧式倫理的普遍化踐履，就是《周易》內蘊的精神所在；而當今國人在面對西式文化強勢凌駕以及舉世瘋狂追隨西方人所興作帶動全球化致使能趨疲（entropy，熵）危機深化的窘境[42]，則特別有必要重

為汲取它以為因應變局所資（一方面據以自我掃除心中陰霾；一方面藉為對諍西式文化的蠻橫壞事），可說是價值非凡！

【分解】
一、《周易》可縮結的體例

前面【總解】所掀揭攸關《周易》深藏已久的祕辛，略有「一部迷離惝恍的書」／「在減法和加法中看《周易》」／「《周易》當是筮占的遺留」／「編纂成書後《周易》衍為占筮的範本」／「詮釋及其演繹《周易》的流變」／「試為歸整筮占模式以解開《周易》的謎團」／「從新認知《周易》所體現精神在當今的意義」等章次給予設說發微，接著當再進衍續出【分解】來細繹《周易》文本的理路以為相互證成。而這可依需規畫「《周易》可縮結的體例」／「依體例所作《周易》六十四卦的疏解」兩個章次遞進顯義（此外另有「白話詩證《周易》」一個章次為附帶，僅以誌略《周易》有餘事可一併看覷），現在就從前一個章次開始談。

基於取據的便利性，這裏仍以通行本《周易》為討論對象。此本乃為王弼注本，而王弼注本根據史志所述又源於費直的傳本：「（漢初）費直傳易，其本皆古字，號曰古文易……行於人間，而未得立。後漢

陳元、鄭眾，皆傳費氏之學。馬融又為其
傳，以授鄭玄。玄作易注，荀爽又作易傳。
魏代王肅、王弼並為之注，自是費氏易大
興。」[43] 雖然此本跟竹書本相近而跟帛書
本較遠（見前），但有關古所未見的為書名
加周字，以及另添九、六和初、二、三、
四、五、上等名目數字，甚至在乾坤卦末
所贅用九／用六一類警示語等，卻全然不
知該來歷及其底蘊，而徒然引得解易者望
文生義不輟（此外，通行本還把象傳／象
傳／文言傳附著在各卦後而跟帛書本不興
此舉相比更見歧異；這所激起解易者聯想
紛紛的情況尤為嚴重，但也都難以詳察此
中的本源了）。當中周字，既然是後人所加，
那就毋須強為解題[44]，不妨讓它以僅屬附
著的空義形態存在。至於九、六和初、二、
三、四、五、上等名目數字，以及用九／
用六等添加成分，同樣的也得擱置不理，
才能有效掌握相關筮事所示現的形貌意態
（多了上述那些成分後，就會被左右而無
從順當理解一個筮占儀式所要呈現的神示
決疑歷程）。在這個前提下，所涉及《周易》
的實體就可以從新給予縮結成例（不再信

從歷來解易者根據通行本所多出成分擬議的任一易例），以便作為繹理的依據。

第一，書名易字的設義。易為掌筮事（併卜事）者的總稱[45]，而義源則跟取自蜥易（俗作蜥蜴）有關。蜥易屬能多變色的動物[46]，古人見牠如此，所以取以引伸為變易的名稱[47]，而這跟筮事則有相通處。也就是說，掌筮事者能通神（常以具巫覡身分的筮人專任或由祝史兼任）[48]，占斷吉凶也頗靈驗；他的高深莫測性，一如蜥易的詭異善變而不可捉摸，因此取牠代為掌筮事者且以權充書名。前人凡是別有設義的[49]，都屬額外或再度引伸，當不可為典要。

第二，畫記著錄的用意。畫記此一符號乃筮占所屬靈隊的擇便授予（見前）[50]，權分陰陽爻二種且都六畫成卦[51]。所著錄僅為憑證信物，別無其他用意。當中或存示祕隱衷，但也只有該靈隊成員洞悉，外人無從知曉[52]。畫記旁（下）所見吉凶悔吝等占辭，跟畫記沒有必然關連（該畫記只是無意牽合，重點在神靈所給的訊息）。傳易者別為增衍部件且跟陰陽爻一併合計而紛出易義闡釋（見前），都不明此中道理。

此外，畫記都是從書或刻於筮策上據筮者占時抽韇而來隨機湊成六[53]，各自獨立，彼此並無承轉或呼應關係（都是從筮占個案蒐集來的緣故）。說易者要強作牽繫而定卦序（如《序卦傳》所作的那樣），只會百般見疏，徒勞無功。

第三，筮占誌記次序的考量。筮占除了總占單獨誌記外，其餘分占則先占的誌記在下而後占的誌記在上，跟殷人卜旬相似[54]。此一先後次序，乃是誌記習慣使然（所考量的僅為一個「方便性」）；後人別有釋繹的（說地氣由下而上取以為徵候之類），不啻又是望文生義太甚！還有總占和分占的區分，只能由誌記情況定調（誌記在卦下的為總占／誌記在爻下的為分占），而無法再深入考得它們的產出過程（也就是不定前面所說過主副占筮者參與占斷的作法）。這容或有掌握不了占筮者內蘊的什麼「輕重緩急」選發次第[55]，但對於已著錄在案的一切神示，則都不致構成理解上的障礙。

第四，繫辭布列的類型畫分。繫辭統括有命筮辭和占筮辭二種（一般說是「文辭」，合卦說是「繇辭」）；細繹則占筮辭又

有總占筮辭和分占筮辭的區別。凡事命筮，以一字或二字標義，題著於畫記下，如乾／坤／屯／蒙／小畜／大有／噬嗑／无妄等（後人將此提至首端，而名為乾卦／坤卦／屯卦／蒙卦／小畜卦／大有卦／噬嗑卦／无妄卦等，實古無有）；倘若義有未完，也不煩增文，如「履虎尾，不咥人」／「否之匪人」／「同人于野」等。至於占筮，則針對命筮事而召請神示並轉呈完竣，相關的禁制啟導語或許有被節錄取精情況，但那已屬過程中見而如今卻不復可知了。

第五，個別占筮另有益以龜卜成數。古人本卜筮分事[56]，而易中乃多有「貞（卜問）」／「利貞」／「利某某之貞」一類辭語[57]，看似可怪。其實不然！那只是告訴命筮者可求助於龜卜（大概是龜兆的靈驗有勝於筮畫處[58]，如頤卦有「舍爾靈龜，觀我朵頤，凶」的占辭可證），並非通例要將卜筮冶於一爐，畢竟採用筮占已是專屬自無他事的道理（即使卜占所屬靈隊本事可能強甚）。再說通常有占數不過三的禁忌[59]，每當筮占靈驗性尚欠時而不濟以卜占，就很容易墮入再三筮犯諱的困境（蒙卦有所謂「初筮告，再三瀆，瀆則不告」的警

示，這藉來想像那為得吉訊而一再占筮追問的情狀將會迫使人雅不耐煩，終而可能失去異時別有所請教的機會），以致權宜或姑且的探向卜問，相隔一重（各自占者及其所屬靈隊不同），也許可以稍微避開自我內部因「爭執不下」所引發的緊張氣氛[60]。

第六，筮辭的屬性定式。筮辭所區分命筮辭和占筮辭的辭性有別：前者全採直敘方式（乃基於為決疑原因，所問事得坦白陳述），如乾（問乾旱）／坤（問遠行）／蒙（問啟蒙教育）／師（問出兵打仗）等；後者則混採直敘／比喻／象徵等方式（所給禁制啟導多屬說解形態，不妨將上述三種表意形態變換為用），如師卦「田有禽」（以田中禽比喻敵間）／小畜卦「輿說輻」（以車輻脫落比喻作物受挫）／比卦「比之无首」（以无首象徵沒有初始）／泰卦「翩翩」（以鳥徐飛象徵自得樣子）等。雖然後者所跨向恐怕會有知解不易的比喻／象徵一類語藝階段[61]，但在筮占本就有暗藏神祕性以便吸引信眾的立場來說，那些變通只是「剛好」而已。

《周易》一書從筮理角度看待，所能縮結的體例大致不出以上六項。此外，各

卦所著錄占辭例多不齊，以及所援事橫跨殷周兩代和命筮者甚夥為諸侯大夫等，都跟筮占乃個別成案有關[62]。這在前面論及纂集事時已經點出，此地因非關緊要，就不比照為它們詳加設例了。

二、依體例所作《周易》六十四卦的疏解

以上所提及易例是就《周易》全書來說，當中有的屬於形式例（如前三項），有的屬於實質例（如後三項）。形式例部分可以在總體把捉上發揮效用，卻不必重複於說解中；只有實質例部分得全數貫串在內文以見它們於繹理依據上的不可或缺性。因此，如今進一步要作《周易》六十四卦的疏解，也就必須將前人衍增的成分（包括九、六和初、二、三、四、五、上等名目數字，以及用九／用六等仿占辭，甚至卦序的強為有機連接等）暫予懸置，而儘讓所有的實質例上場任角督責，才能一窺原筮占劇藝搬演的盛況。另外，有關疏解本身也要規畫注釋和繹理兩項；當中注釋項特別以夾雜於繇辭間出示，且為省篇幅

只逕注語義，而不繁為鏊辨前人是否已有相關的釋繹。

乾

乾，元亨利貞。

〔注釋：音《ㄢ，乾旱。元，大。亨，
祭享。利，宜。貞，卜問。〕

初九：潛龍，勿用。

〔注釋：潛龍，能致雨的龍還沈潛
在水中。勿用，不要有作為。〕

九二：見龍在田，利見大人。

〔注釋：見，音ㄒㄢ，出現。大人，
天子。〕

九三：君子終日乾乾，夕惕若厲，无
咎。

〔注釋：君子，侯王。乾乾，音ㄑㄢ
ㄑㄢ，由乾旱引伸為自強或勤勉。惕，
敬慎。厲，旱石，象徵堅定不移。
无，同無。咎，過失。〕

九四：或躍在淵，无咎。

〔注釋：或躍在淵，有的還在水裏
不及飛出。〕

九五：飛龍在天，利見大人。

〔注釋：飛龍在天，龍已盡飛於天。〕

上九：亢龍，有悔。

〔注釋：亢龍，龍飛到極高處。有
悔，有災變。〕

用九：見羣龍无首，吉。

〔注釋：此條非正文，乃傳易者所
加，告訴依陽爻行事者不居於人
前而貪功（猶如出現羣龍而沒有
帶頭者）。吉，無凶險。〕

繹理：此卦在問乾旱事（卦下所綴字
乃命筮辭，餘為占筮辭。後各卦仿
此），命筮者為侯王之類（由內文有
「君子」當如何的禁制語和所相對
宜求見「大人」的啟導語等可知[64]）。
占筮者徵得靈隊所示而總占為要大
加祭享天神祈福且另求助於龜卜
（卜占背後的靈隊更為「神通廣
大」，當有助益於迅速解除旱象），
並且依抽得畫記進行分占（如各爻
下繫辭所示。後各卦眾爻仿此）。當
中有關「君子終日乾乾，夕惕若屬」
的禁制和「利見大人」的啟導二事
為關鍵所在：一方面誡告當事人要

修德進業（免得觸怒天神降災）；一
方面諭示當事人最好轉向天子請救
對策以防更大災變發生，所占理極
為切要。此外，從總占特地告知命
筮者盛祭高階且具決策身分的神靈
以為輸誠懺罪（盛祭酬勞的旨意在
此）一點來看，該筮占背後的靈隊
顯然已窺知或測得轄區即將遭受旱
災的天譴機密（此為人所無緣企
及），這尤其可見占事本身能通神祕
事務的殊異性，由不得作為有限存
在者的人們不向它尋覓津梁（至於
還有濟以龜卜的語示部分，則屬廣
徵助緣用意，這就毋須多說了）。

坤

☷ 坤，元亨，利牝馬之貞。君子有攸
往，先迷，後得主。利西南，得朋；
東北，喪朋。安，貞吉。
〔注釋：坤，同川（前引帛書本作
川和漢石經坤作 w，就是川的篆字
和異體字），指眾細水會合一起長
流，引伸為遠行。牝馬，雌馬，負

人以行。攸，所。迷，迷失路徑。
得主，返回正途而遇到所主的人。
利西南，宜往西南方走。得朋，有
友朋來歸附。東北，往東北方走。
喪朋，沒有友朋來歸附。安，安於
行。貞吉，（一併）卜問說無凶險。〕

初六，履霜，堅冰至。

〔注釋：履霜，踐履霜雪。堅冰至，
積漸硬冰乃至。全文比喻當防微杜
漸，慎終於始。〕

六二，直方，大不習，无不利。

〔注釋：直方，公正。大，很或甚。
不習，不假修飾。无不利，無往而
不適。〕

六三，含章，可貞。或從王事，无成
有終。

〔注釋：含章，明知在心。可貞，
可借助卜問。或從王事，或者替天
子做事。无成有終，雖然不定有大
成就但必有結果。〕

六四，括囊，无咎无譽。

〔注釋：括囊，束結囊袋口，比喻
當謹慎從事。譽，讚美。〕

六五，黃裳，元吉。

〔注釋：黃裳，黃色下服，象徵體面（穿著有文采的服飾自能顯風光）。元吉，大吉。〕

上六，龍戰于野，其血玄黃。

〔注釋：龍戰于野，有龍爭戰於途中野地。其血玄黃，流出黃黑色的血液。全文比喻行事當知進退而不可冒進徒陷險境。〕

用六，利永貞。

〔注釋：此條非正文，乃傳易者所加，告訴依陰爻行事者宜不斷卜問求助力。〕

繹理：此卦在問遠行事，命筮者為也稱君子的大夫之類〔由占辭中有「或從王事」必不為侯王所尚（因為他們已有特定職位）可推知〕。占筮者所轉告的靈示有指引去向（西南方）和告誡言行（如要公正／不假修飾／心得明亮／管好嘴巴／注意穿著／不冒進等）等，應是針對當事人軟弱個性及其涵養欠佳等而發，此中有神靈所察知而當事人未盡覺的祕辛在，筮占一事不可小覷。

屯

☳ 屯 ，元亨利貞，勿用。有攸往，利
建侯。

〔注釋：屯，音ㄓㄨㄣ，艱難（婚媾受
阻）。勿用，暫時不要行動。有攸往，
如果想前往交涉。利建侯，宜結盟
其他諸侯以廣求輔助。〕

初九，盤桓，利居。貞，利建侯。

〔注釋：盤桓，難以前進。利居，
宜居處守著。〕

六二，屯如邅如，乘馬班如，匪寇婚
媾，女子貞不字，十年乃字。

〔注釋：屯如邅如，盤桓不進。乘
馬班如，乘馬相牽旋繞（盤桓不進）。
匪寇婚媾，不要採用搶親手段。字，
許嫁。十年，比喻久時。〕

六三，即鹿无虞，惟入于林中，君子
幾，不如舍。往，吝。

〔注釋：即鹿无虞，要獵鹿而沒有
虞人（掌管山澤的官員）嚮導。惟
入于林中，會陷入林莽中迷失。二
句比喻如果沒人幫助結盟事就不可

能成功。君子幾，君子看見事情的
微細。不如舍，沒人幫助就放棄結
盟。往，倘若硬要前往。吝，那
一定會遭人排擠而後悔不迭。〕

六四，乘馬班如，求婚媾，往，吉无
不利。

〔注釋：求婚媾以下句，既然已經
謹慎於結盟事而知所進退，那往求
聯姻必定是無不合適（成功）。〕

九五，屯其膏。小，貞吉；大，貞凶。

〔注釋：屯，音ㄔㄨㄣ，聚集。膏，油
脂，引伸為恩澤。小，屯聚恩澤少。
貞吉，（一併）卜問無凶險（外施恩
澤多的緣故）。大，屯聚恩澤多。貞
凶，（一併）卜問有凶險（外施恩澤
少的緣故）。〕

上六，乘馬班如，泣血漣如。

〔注釋：漣如，泣涕下垂的樣子。
全文象徵結盟聯姻事困難重重，茫
無所適且孤苦無依。〕

繹理：此卦在問婚媾受阻事，命筮者
為侯王之類（由內文有「建侯」屬
同層級的字眼可推知）。占筮者所得

訊息是不大樂觀（求婚媾的對象很
可能是異性侯王女），才多誡告要廣
求輔助且勿貿然行動（如搶婚之類
[65]）。雖然占筮者並未一併詳述阻力
內幕，但從所給解方來看應已足夠
當事人受用，顯見筮占的功能不小。

蒙

䷙ 蒙 ，亨。匪我求童蒙，童蒙求我。
初筮告，再三瀆，瀆則不告。利貞。
〔注釋：蒙，物初長，引申為開教。
匪，不是。筮，筮問。告，告知。
瀆，輕慢。〕

初六，發蒙，利用刑人。用說桎梏，
以往，吝。
〔注釋：發，啟。蒙，童蒙。利用
刑人，宜採明刑威禁。說，音ㄊㄨㄛ，
釋懈或開解。桎梏，械具。以往，
不用刑禁而施教。吝，童蒙不知畏
威而肆意瀆亂則必有悔失。〕

九二，包蒙，吉。納婦，吉。子克家。
〔注釋：包，容納。納婦，娶妻。
泛指蒙者。克，能肩任。家，家事

或納婦。〕

六三，勿用取女。見金夫，不有躬，
无攸利。

〔注釋：取，娶。見金夫，看見人
多金。不有躬，不能保有自我身形
（未能謹言慎行）。无攸利，沒有好
處。〕

六四，困蒙，吝。

〔注釋：困，窮扼。吝，如果一味
困蒙而無所施教則必有悔失。〕

六五，童蒙，吉。

〔注釋：吉，在童蒙因無所畏威（鞭
扑未施加他身上）自是沒有凶險。〕

上九，擊蒙，不利為寇，利禦寇。

〔注釋：擊，鞭扑。寇，暴（太過）。
禦，禁。〕

繹理：此卦在問啟蒙（開教）事，命
筮者為官府蒙師（初次任職）之類。
占筮者所發啟導語中多隱含有對受
教者或較一般人冥頑的了解（才會
一再提醒當事人適度使用刑禁以防
止對方瀆亂不受教），顯然背後靈隊
已善盡「調查」責任，足證求助於

筮占的好處多多（至於另有娶妻與
否的啟導，則是預示可就近開教方
向以安對方的心，這也不必多加贅
述）。

需

䷄需，有孚光。亨，貞吉。利涉大川。
〔注釋：需，待（等待救援）。孚，
信。光，明。利涉大川，宜涉水履
險以求援助。〕

初九，需于郊，利用恆，无咎。
〔注釋：需于郊，如果在郊外等待
救援。利用恆，宜守常（要有耐心
等待）。无咎，无過誤。〕

九二，需于沙，小有言，終吉。
〔注釋：需于沙，如果在沙地等待
救援。小有言，或許會受到內部人
的言語傷害。終吉，最終仍無凶險。〕

九三，需于泥，致寇至。
〔注釋：需于泥，如果在泥地等待
救援。致寇至，會引來盜匪覬覦。〕

六四，需于血，出自穴。
〔注釋：需于血，如果在溝洫（血

同淴）間等待救援。出自穴，要離
所居住洞穴遠一點（以預留退路）。〕
九五，需于酒食，貞吉。
〔注釋：需于酒食，如果要等待酒
食補給。貞吉，（一併）卜問無凶險。〕
上六，入于穴，有不速之客三人來，
敬之終吉。
〔注釋：入于穴，進入洞穴靜待機
運。有不速之客三人來，會有三個
人不請自來。敬之終吉，禮敬他們
終究無妨。〕

繹理：此卦在問等待救援（援軍或援
金）事，命筮者為官軍或政府要員
之類。占筮者所轉告靈示中有狀況
設想（如需于郊／需于沙／需于泥
／需于血／需于酒食等）和所會發
生的事（如果有不速之客三人來）
等，不啻顯出筮占有一定的功能。
此外，它（在總占中）還慎重要當
事人祭享（祈禱天神賜福）並益以
龜卜，所獲吉驗和斷定得履險去求
得援助等，也頗能區別於凡人的短
絀（凡人無從窺知此一利害關係）。

訟

☰ 訟，有孚，窒惕，中吉，終凶。利見大人，不利涉大川。

〔注釋：訟，爭訟（打求新職官司）。有孚，有信實。窒惕，止懼。利見大人，宜求見天子決斷。不利涉大川，不宜履險跟競爭對手硬幹。〕

初六，不永所事，小有言，終吉。

〔注釋：永，長久。事，訟事。〕

九二，不克訟，歸而逋，其邑人三百戶无眚。

〔注釋：不克訟，不能勝訟。歸而逋，返邑隱匿。眚，音ㄥ，災禍。〕

六三，食舊德，貞，厲終吉。或從王事，无成。

〔注釋：食舊德，守著原來的祿位。厲，堅定不移。或從王事，如果要另找新職（此次所競爭的）。无成，不會成功。〕

九四，不克訟，復即命。逾，安，貞吉。

〔注釋：復即命，復還就舊職。逾，

變（改變跟人爭訟態度）。安，安然
自處。〕

九五，訟，元吉。

〔注釋：訟，真要力訟到底。元吉，
大吉。〕

上九，或錫之鞶帶，終朝三褫之。

〔注釋：錫，賜。鞶帶，大帶（命
服飾物）。褫，奪取。〕

繹理：此卦在問爭訟事，命筮者為大
夫之類（從所治邑僅三百戶可知）。
占筮者從靈隊所給訊息知道此事希
望渺茫，於是一再告誡對方要「食
舊德」／「復即命」，畢竟即使能爭
贏一時（「訟，元吉」是權為鼓舞的
話）也終將以失敗收場（「或錫之鞶
帶，終朝三褫之」一語就在點出那
背後運勢的難可違拗）。筮占的覺察
祕辛能耐及其點撥功用（當事人既
然要藉助它自會遵從靈示行事），在
此可以充分獲得印證。

師

䷆師 ，貞，丈人吉，无咎。

〔注釋：師，征伐。丈人，長老（主征伐事的人）。〕

初六，師出以律，否臧凶。

〔注釋：律，紀律（法度）。否，不。臧，善。〕

九二，在師，中吉，无咎。王三錫命。

〔注釋：在師，在征伐期間。王三錫命，天子會再三賜令告誡。〕

六三，師或輿尸，凶。

〔注釋：師或輿尸，途中可能挫敗而載屍歸來。〕

六四，師左次，无咎。

〔注釋：師左次，軍隊要找屏障（如水澤之類）避險。〕

六五，田有禽，利執言，无咎。長子帥師，弟子輿尸，貞凶。

〔注釋：田有禽，田地裏有禽鳥，比喻暗處藏有敵間。利執言，宜抓來訊問。長子帥師，（先前有）派遣長子為將帥。弟子輿尸，（卻多撓敗）由庶子載屍而返。〕

上六，大君有命，開國承家，小人勿用。

〔注釋：大君，天子。開，創始。國，諸侯服地。承，受理。家，大夫治邑。小人，百姓。勿用，不要煩擾。〕

繹理：此卦在問征伐事，命筮者為侯王之類（主持征伐事的人非侯王莫屬）。占筮者所得靈示是此事大致可成；當中「王三錫命」是預知，其餘則多屬老婆式嘮叨。即使如此，僅此可成預見已儘能安定人心而證實筮占不為白費。

比

䷇ 比，吉，原筮元永，貞无咎。不寧方來，後夫凶。

〔注釋：比，親比（輔併）。原筮，初次占筮。元，大。永，長。不寧，不安。方，方國。來，來求依附。後，怠慢。夫凶，則有凶險。〕

初六，有孚比之，无咎。有孚盈缶，終來有他，吉。

〔注釋：有孚比之，以信實相親比。

有孚盈缶，以信實充滿心中（缶為
盛酒漿的瓦器，比喻內心）。終來有
他，更有他人前來依附。〕

六二，比之自內，貞吉。

〔注釋：比之自內，親比從自我內
部做起。〕

六三，比之匪人。

〔注釋：比之匪人，（要預防）所親
比不是能或該親比的人。〕

六四，外比之，貞吉。

〔注釋：外比之，向外或受外親比。〕

九五，顯比，王用三驅，失前禽，邑
人不誡，吉。

〔注釋：顯比，顯明或正常的親比。
王用三驅，王三度驅逐禽鳥。失前
禽，未獲禽鳥。邑人不誡，國中人
不戒備王有此驅禽行動。吉，無凶
險。後四句比喻來求依附的方國中
人沒有戒心就可以成事。〕

上六，比之无首，凶。

〔注釋：无首，無善始（則無善終）。
凶，必有凶險。〕

繹理：此卦在問親比（方國來求依附）

事，命筮者為天子（從直取「王用
三驅，失前禽，邑人不誡」為喻可
知）。占筮者轉告所得自靈隊給的
「不寧方來」[66] 訊息（對方內部不
安寧一事乃我方所不知），對當事人
來說應有如珍寶，可在接受親比與
否的決疑中起關鍵性作用，足證筮
占的大可依賴。

小畜

☰ 小畜，亨，密雲不雨，自我西郊。
　〔注釋：小畜，小為蓄養（興穀）。
　密雲不雨，雲層密布但不降雨。自
　我西郊，從我西方郊野過來都是這
　樣。〕
初九，復自道，何其咎，吉。
　〔注釋：復，返。自道，常態。何
　其咎，（既無妄動）何來過誤。〕
九二，牽復，吉。
　〔注釋：牽復，仍復自道。〕
九三，興說輻，夫妻反目。
　〔注釋：興說輻，車脫落輪中的輻
　條（說，音ㄊㄨㄛ，脫落），比喻穀物欠

收。夫妻反目,夫妻怒目相視(為了天不下雨而穀物欠收的緣故)。〕

六四,有孚,血去惕出,无咎。

〔注釋:有孚,心中有信實。血,同恤,憂慮。去,消除。惕,恐懼。出,停止(意謂終將感動上天而使旱象解除)。〕

九五,有孚攣如,富以其鄰。

〔注釋:有孚攣如,續保信實。富以其鄰,如果收成好而致富則澤及鄰里。〕

上九,既雨既處,尚德載。婦,貞厲,月幾望;君子征凶。

〔注釋:既雨既處,雨晴不定。尚德載,宜崇尚道德而積載備用。婦,婦人。貞厲,卜問得如旱石,比喻要固守婦道。月幾望,猶如月近於圓(為眾人所仰望)。君子,侯王。征凶,征伐則有凶險(意謂不宜聚富以為征伐所資;否則家破財散,劫數難逃)。〕

繹理:此卦在問興穀事(小畜乃相對問利畜事的大畜而稱名,詳後),命

筮者為侯王之類（除內文有「君子」字眼，還有興穀乃是國命所在而自然由侯王來關心，一併可推知）。占筮者轉告靈隊指示要祭享求雨，大概已經探知不雨背後有天神的懲意在；而此懲意又跟當事人不能積德（好聚斂興兵）有關。此外，從占辭中屢加道德勸說（如「復自道」／「牽復」／「有孚」／「有孚攣如，富以其鄰」／「尚德載」等）來看，該靈隊對當事人不無殷切寄望（包括侯王妻恐怕也有虧婦德而不惜以「貞厲，月幾望」一類託辭相警惕在內）。此般苦口婆心，乃筮占所常見「與人為善」效應，倍增它的可感度。

履

履虎尾，不咥人，亨。

〔注釋：（按：「履虎尾」一語，看似增文，實為省辭／省去履字。此處得先出履字為說），履，涉險（舉事或勤王）。履虎尾，踩老虎尾巴。

不咥人，不被老虎嚙嚙（咥，音 ㄉㄧㄝˊ）。
二句比喻涉險而不遇挫受害。亨，
此事得祭享求天神保佑。〕

初九，素履往，无咎。

〔注釋：素履往，一如往常去涉險
（不必危懼自亂）。〕

九二，履道坦坦，幽人，貞吉。

〔注釋：坦坦，平易。幽人，隱藏
自己（不可鋒芒畢露，以免早危及
身）。〕

六三，眇能視，跛能履，履虎尾，咥
人，凶。武人為于大君。

〔注釋：眇，小眼睛。跛，病腳。
二句象徵履道闇黑而崎嶇。武人，
官軍（統軍者）。為，為利（有益）。
大君，天子。〕

九四，履虎尾愬愬，終吉。

〔注釋：愬愬，音 ㄙㄨˋ ㄙㄨˋ，戒慎恐懼。〕

九五，夬履，貞厲。

〔注釋：夬，音 ㄍㄨㄞˋ，決定。〕

上九，視履考祥，其旋元吉。

〔注釋：祥，福祉。旋，周旋（意
謂履險事常有不測，必須清楚所踐
行何故和察考福祉所在，能周旋無

礙，始得大吉）。〕

繹理：此卦在問履險（舉事或勤王）
事，命筮者為官軍或統軍者（武人）。
履險事變數多，無法像其他較單純
事可以給確定答案，所以占筮者轉
述的靈示就在「幽人」／「武人為
于大君」／「愬愬」／「夬履」／
「視履考祥」等恰似打高空中纏繞
（以不明示為明示）。縱使如此，筮
占仍有從旁敦促當事人再細審行動
策略及其可能後果的美意，不為無
益。

泰

䷊泰，小往大來，吉，亨。
〔注釋：泰，坦泰（順遂）。小往，
前去時要低調。大來，返回時要熱
鬧（按：此特指迎親事）。〕
初九，拔茅茹，以其彙，征吉。
〔注釋：茅茹，飼馬草。彙，茂盛。
二句比喻相機行事。征，往。〕
九二，包荒，用馮河，不遐遺。朋亡，

得尚于中行。

〔注釋：包，同匏（可佩以渡河而避免沈溺）。荒，大。馮，渡。遐，遠。遺，墜落。朋亡，一羣人同往。尚，上。中行，路中。二句象徵前去迎親要光明正大（別邪門歪道亂搞一通）。〕

九三，无平不陂，无往不復，艱貞，无咎。勿恤其孚，于食有福。

〔注釋：陂，傾斜。復，返。二句意謂路不是全平坦而無傾斜，人也不是都前往而不返回。艱貞，（一併）卜問有無艱難或災殃。恤，憂慮。食，食祿。二句意謂不必擔心信實未見於人，返而「安食其祿」則有福祉自來。〕

六四，翩翩，不富以其鄰，不戒以孚。

〔注釋：翩翩，鳥徐飛，象徵自得樣子。不富以其鄰，不施富於鄰國。不戒以孚，不用信實相誡告（如此則能坦泰自在）。〕

六五，帝乙歸妹以祉，元吉。

〔注釋：帝乙，紂父。歸妹，娶妻。祉，通禮。意謂要像當年帝乙娶妻

以禮那樣（別採搶親一類莽撞手
段）。〕

上六，城復于隍，勿用師，自邑告命，
貞吝。

〔注釋：復，毀。隍，護城河。師，
興兵。二句意謂時有城毀危急朕兆
而不動員對外警戒。自邑告命，僅
自國內發出誥命。貞吝，（一併）卜
問則有悔失。〕

繹理：此卦在問迎親（如何才能順遂）
事，命筮者為侯王之類（只有諸侯
聯姻才會大費周章）。占筮者所轉告
靈示多以常道（如「小往大來」／
「拔茅茹，以其彙」／「包荒，用
馮河」[67]／「朋亡，得尚于中行」／
「勿恤其孚，于食有福」等），只有
「不富以其鄰，不戒以孚」和「城
復于隍，勿用師，自邑告命，貞吝」
二事屬機密提點〔該靈隊當已窺知
前者毋須「多此一舉」（容易遭嫉而
使結盟好「適得其反」）而後者「有
備無患」〕。雖然如此，有此二事相
警也已足證筮占的「先見之明」而

棄置不得。

否

☷ 否之匪人，不利君子。貞，大往小
來。

〔注釋：（按：「否之匪人」一語，
看似增文，實為省辭／省去否字。
此處得先出否字為說）否，音ㄆㄧˇ，
不遇。否之匪人，所以不遇乃所遇
非人。不利君子，此事對侯王不利。
大往小來，給多少得。〕

初六，拔茅茹，以其彙，貞吉，亨。

〔注釋：前二句比喻相機行事。〕

六二，包承，小人吉，大人否，亨。

〔注釋：包承，包裹承受一切事務。
小人，百姓。大人，天子。否，音
ㄆㄧˇ，不管用。意謂啥事都攬來做，
百姓可以受惠，天子不一定領情。〕

六三，包羞。

〔注釋：羞，進獻。意謂進獻禮物
比較實在。〕

九四，有命，无咎，疇離祉。

〔注釋：疇，田地。離祉，穀物歡

收。全文意謂不遇是命中註定，無傷大雅，就像田裏的穀物偶爾也會歉收一樣。〕

九五，休否，大人吉。其亡其亡，繫于苞桑。

〔注釋：休否，不以不遇為念。大人吉，天子就不會受煩擾。亡，去。繫于苞桑，渡河或繫匏或繫桑（桑樹枝幹）就不會沈溺。二句比喻未來凡事都要三思以免誤蹈險難。〕

上九，傾否，先否後喜。

〔注釋：傾，倒（忘掉）。後喜，有好處在後頭。〕

繹理：此卦在問所遇非人事（以交友為喻），命筮者為侯王之類。這大概是老侯王遇到少年天子，因為恩賜有虧而橫梗在心，所以有此一問。占筮者所轉告靈示有勸以包羞（卦辭中的大往小來意同）而以包承為戒，應是摸透了少年天子的心思，當事人最好詳加取鏡。至於休否／傾否一類的告誡，則又是對當事人早存心病的疏導，屬高檔的對症下

藥（畢竟人家是天子，不委屈自己，難道還能強迫他改變嗎），可見筮占確是非同兒戲。

同人

䷌同人于野，亨，利涉大川，利君子貞。

〔注釋：（按：「同人于野」一語，看似增文，實為省辭／省去同人字。此處得先出同人字為說）同人，結盟者。同人于野，結盟者來到了郊外。利涉大川，這很明顯有利於涉險。利君子貞，一併卜問看看是否對侯王有好處。〕

初九，同人于門，无咎。

〔注釋：同人于門，把結盟者引進城門。无咎，不會有過失。〕

六二，同人于宗，吝。

〔注釋：同人于宗，但把結盟者引進宗廟（祖廟）。吝，就會有悔失了（太過親暱容易造成對方輕慢態度）。〕

九三，伏戎于莽，升其高陵，三歲不

興。

〔注釋：伏戎于莽，（結盟是為了禦敵）最好的策略是埋伏士兵於草莽中。升其高陵，或者升至高阜觀望敵情。三歲不興，連三年都按兵不動（三歲比喻久時）。〕

九四，乘其墉，弗克，攻吉。

〔注釋：乘其墉，（一旦戰事發生）則登上城垣。弗克，如果不能克敵。攻吉，進攻則能致勝而得吉祥。〕

九五，同人先號咷而後笑，大師克，相遇。

〔注釋：同人先號咷而後笑，結盟者浴血抗敵，因傷而號噭，等敵喪敗後又破涕為笑。大師克，戰勝大敵。相遇，敵人敗退而結盟者得以再見。〕

上九，同人于郊，无悔。

〔注釋：同人于郊，（禦敵結束）結盟者不逗留而回到野地。无悔，則安然無事（否則逗留就不免會有要挾）。〕

繹理：此卦在問結盟事，命筮者為侯

王之類。結盟雖然是好事，但變數也多（彼此都不盡能掌握），所以求筮占問吉凶乃屬正常行為。只不過此事難以預知結果（單一靈隊無從左右局勢），馴致占筮者所轉告靈示僅多沙盤推演，接納前來結盟者與否得由當事人自行決斷。此以不給答案為答案，乃筮占所不可避免，毋須反詆它的靈驗性（猶如正直的人一心坦誠，旁觀者不宜責怪他不懂得矯飾假造。）

大有

≡ 大有，元亨。

　　〔注釋：大有，穀物豐收。元亨，盛大祭享天神感恩。〕

初九，无交害，匪咎艱，則无咎。

　　〔注釋：无交害，內不交相中傷。匪咎艱，外無天降災殃。則无咎，就沒有罪過。〕

九二，大車以載，有攸往，无咎。

　　〔注釋：大車以載，任由大車負載所獲物。有攸往，想藉它來行動致

效。无咎,則不會過失。〕

九三,公用亨于天子,小人弗克。

〔注釋:公用亨于天子,侯王將所
得擇要朝獻於天子可以彰顯功績。
小人弗克,這件事尋常百姓就無能
為力。〕

九四,匪其彭,无咎。

〔注釋:匪其彭,不祭享於先祖(彭,
通祊,祭祖)。无咎,如此(為公)
不為私就不致有過誤。〕

六五,厥孚交如,威如,吉。

〔注釋:厥孚交如,這樣以信實跟
人交接。威如,並且憑藉著威嚴臨
事。吉,定能受人敬畏獲得吉祥。〕

上九,自天祐之,吉无不利。

〔注釋:自天祐之,此大有乃上天
福祐所致。吉无不利,好好珍惜(以
報答上天的洪賜)則無不吉祥滿
溢。〕

繹理:此卦在問穀物豐收(將何自處)
事,命筮者為侯王之類。境內大有,
稅收自然增加,接下來要做什麼,
主意不定,當然要來個筮問。占筮

者所轉告靈示在元亨／用亨于天子
部分乃屬要務，自無疑問得即刻行
動；而在无交害／匪其彭／厥孚交
如威如等部分則為剴切告誡（當事
人應內隱有私心妒賢和威信不足等
問題），當可起醍醐灌頂功效，顯見
筮占大可信賴。

謙

䷎ 謙，亨，君子有終。
〔注釋：謙，敬或卑。君子有終，
侯王興兵征伐會有好結果。〕
初六，謙謙，君子用涉大川，吉。
〔注釋：謙謙，謙卑自處。君子用
涉大川，侯王以此謙卑心去涉險
（指征伐事）。〕
六二，鳴謙，貞吉。
〔注釋：鳴謙，以謙自鳴（自持）。〕
九三，勞謙，君子有終，吉。
〔注釋：勞謙，以謙自勞（為民表
率）。〕
六四，无不利，撝謙。
〔注釋：撝謙，施布此謙（無往而

不用謙）。〕

六五，不富以其鄰，利用侵伐，无不利。

〔注釋：不富以其鄰，雖然不施富於鄰國。利用侵伐，但以謙行征伐眾必響應而樂於助陣。〕

上六，鳴謙，利用行師，征邑國。

〔注釋：利用行師，用謙以興兵。征邑國，征伐在外侯國（必然會有好結果）。〕

繹理：此卦在問征伐事，命筮者為侯王之類。謙作為卦名實屬虛辭（內裏是在問征伐），乃因興兵事關重大不可強進，靈隊多以謙敬為戒，占筮者於是取以為總冠繇辭。此外，以謙自持是為了收買人心（當事人在這方面可能還有欠著），所以靈隊除了啟導以祭享天神來福祐外，就多換詞惕勵，無不關愛有加（也可見筮占特能察覺問題癥結而由不得不予以借鏡）。

豫

䷏ 豫，利建侯行師。

〔注釋：豫，預備。利建侯行師，有利於結盟其他諸侯進行征伐。〕

初六，鳴豫，凶。

〔注釋：鳴豫，以豫自持。凶，有凶險（意謂預備征伐要暗中進行而不宜曝光相關預備行動）。〕

六二，介于石，不終日，貞吉。

〔注釋：介于石，剛強堅過石頭（急於求功）。不終日，不持續整天。〕

六三，盱豫，悔。遲，有悔。

〔注釋：盱豫，以豫為憂。悔，會有後悔。遲，迨慢於豫。有悔，也會有悔失。〕

九四，由豫，大有得。勿疑。朋盍簪。

〔注釋：由豫，用豫。朋，所建侯。盍，聚合。簪，速來。〕

六五，貞，疾，恆不死。

〔注釋：疾，有病（失）。恆不死，恆久都不會死（建侯行師終能遂行）。〕

上六，冥豫，成有渝，无咎。

〔注釋：冥豫，闇豫（疏於預備）。

成，終於。有渝，能自省改變。〕

繹理：此卦在問征伐事，命筮者為侯王之類。豫作為卦名也實屬虛辭（內裏是在問征伐），全因興兵肇端不宜意氣用事而倉促成行，靈隊多以起豫為戒，占筮者因此取以為總冠綴辭。此外，靈隊啟導以豫應變，無非是在暗示征伐他國當「緩為之」，所以就僅代為央求卜問而不建議祭享天神以祈福祐（既然要當事人緩一緩行動，那就不可能再相強天神來暗助），全程同樣的換詞誡告，應能促使當事人了悟貿然行動可能弊多於利（由此可知筮占能洞燭機先而無妨多多求助）。

隨

䷐隨，元亨利貞，无咎。
〔注釋：隨，逐（追捕俘虜）。〕
初九，官有渝，貞吉，出門交有功。
〔注釋：官有渝，官府有變（才讓俘虜脫逃）。出門交有功，出門追捕

俘虜會有結果。〕

六二，係小子，失丈夫。

〔注釋：係小子，繫住年輕的。失丈夫，亡失年壯的。意謂追捕俘虜會橫生波折。〕

六三，係丈夫，失小子，隨有求得，利居，貞。

〔注釋：隨有求得，逐俘有所得。利居，宜帶回居處（嚴加看管）。〕

九四，隨有獲，貞凶。有孚，在道以明，何咎。

〔注釋：隨有獲，逐俘有收穫。貞凶，（一併）卜問有凶險（逐俘必遭俘反抗自有凶險）。有孚，以信實對待。在道以明，在路上跟俘盟誓（不半途加害他們）。何咎，就不會有過失。〕

九五，孚于嘉，吉。

〔注釋：孚于嘉，以信實待俘乃至善的事。〕

上六，拘係之，乃從維之，王用亨于西山。

〔注釋：拘係之，拘繫此俘。乃從維之，再加強捆綁。王用亨于西山，

給天子獻祭於西山（岐山）。〕

繹理：此卦在問逐俘事，命筮者為士師（典獄長）或地方官之類。官府沒看管好俘虜而讓他們脫逃，亡羊補牢除了前去追捕還得有安撫策略（否則會遭到頑抗而更為害事）。靈隊大概知道逃走的俘虜終究能追捕回來，因此就只重複告誡以信實相對待而避免橫生枝節。原氣在當頭的執事者得此靈示，理應要有所警惕在心（從而顯示筮占的重要性）。至於給天子獻祭於西山一事[68]，乃屬上面既定政策，無可違抗（沒把俘虜追捕回來才是大罪一條）。占筮者已盡轉告責任，而所筮占事想必還有迴響（也就是在獲俘／失俘／逐俘／獻俘一系列事件中，相關人等究竟要怎麼應對，勢必會重歷一番「心理掙扎」）。

蠱

蠱，元亨，利涉大川。先甲三日，

後甲三日。

〔注釋：蠱，蠱毒（父母中蠱要怎麼辦）。利涉大川，宜冒險治療。先甲三日，辛日。後甲三日，丁日。意謂辛丁二日乃治蠱的吉日。〕

初六，幹父之蠱，有子考，无咎。厲，終吉。

〔注釋：幹，治。考，孝。厲，（意志）堅定不移。〕

九二，幹母之蠱，不可貞。

〔注釋：不可貞，不必卜問（直接做就是了）。〕

九三，幹父之蠱，小有悔，无大咎。

〔注釋：小有悔，會有點波折。〕

六四，裕父之蠱，往見吝。

〔注釋：裕，寬（怠慢於治療）。往見吝，前往見父時會被責備。〕

六五，幹父之蠱，用譽。

〔注釋：用譽，採讚美態度讓父母安心。〕

上九，不事王侯，高尚其事。

〔注釋：不事王侯，不以治蠱方式往事於王侯。高尚其事，王侯事比這個高尚（不是治蠱可以相比）。〕

繹理：此卦在問治蠱事，命筮者為大夫之類（從文中有「不事王侯」可推知）。父母中蠱[69]，當然要設法給他們治療，只是成功率及其相關對策得如何（包括時間、態度和善後等），所以要問筮。占筮者所轉告靈示一律給出確切答案（如祭享、行動日期、過程會有小波折、終究會治癒、口氣要好以免壞了父母情緒和事後在職位上的態度得改變等）。當中所告誡以「不事王侯，高尚其事」部分，應是對方向來就有輕佻或怠忽職責的毛病而靈隊據知藉機予以針砭，不無強顯出筮占的殊異性（這點他人可察覺不來，當事人聽了不受教也難！）

臨

䷒臨，元亨利貞，至于八月有凶。
〔注釋：臨，視（威視百姓）。八月，盛夏。〕
初九，咸臨，貞吉。

〔注釋：咸，和。〕
九二，咸臨，吉，无不利。
〔注釋：咸，和。〕
六三，甘臨，无攸利。既憂之，无咎。
〔注釋：甘，施澤。无攸利，（布施
而非視察）無好處。既憂之，既然
有惦念此事（指甘臨）。无咎，那也
就無過失。〕
六四，至臨，无咎。
〔注釋：至，親至。〕
六五，知臨，大君之宜，吉。
〔注釋：知，智。大君，天子。〕
上六，敦臨，吉，无咎。
〔注釋：敦，厚。〕

繹理：此卦問威視事，命筮者為天子。
威臨百姓一事不易，稍有不慎便會
惹來怨聲載道。占筮者所轉告靈示
多啟導以咸臨／至臨／知臨／敦臨
等，無不隱含此事凶多吉少（說「无
咎」是慰主，真諦乃在戒凶）。當中
有關「至于八月有凶」和「甘臨，
无攸利」二項誡告，最為深透人心
（既了解百姓不耐在炎熱季節裏受

視察，又知道此刻才施惠很容易被
看破手腳而弄巧成拙)，當事人理應
要切記而妥為因應，才不致辜負筮
占的一片美意（或說確是受教了）。

觀

☷☴ 觀，盥而不薦，有孚顒若。
〔注釋：觀，視察。盥，洗手（以
禮神）。不薦，不祭享。顒若，虔
敬。〕
初六，童觀，小人无咎，君子吝。
〔注釋：童觀，以童稚（輕率）態
度去視察。小人无咎，在百姓無妨。
君子吝，在侯王就不妥。〕
六二，闚觀，利女，貞。
〔注釋：闚觀，以偷窺心理去視察。
利女，於女子為合適（於侯王就不
合適）。貞，（一併）卜問如此。〕
六三，觀我生，進退。
〔注釋：生，動出。進退，可進則
進不可進則退。〕
六四，觀國之光，利用賓于王。
〔注釋：觀國之光，觀察己國前途
是否光明。利用賓于王，宜先禮敬

於天子（才能獲得關愛恩賜）。〕

九五，觀我生，君子无咎。

〔注釋：君子无咎，侯王可逕行觀
察一己的動出而不會有過失。〕

上九，觀其生，君子无咎。

〔注釋：觀其生，觀察他人（國人）
的動出。君子无咎，侯王不會有過
失。〕

繹理：此卦在問相術（視察或觀察的
方式）事，命筮者為侯王之類。侯
王要視察國人生活情況，不必用到
祭享（天子威臨百姓才要有此舉以
「慎重其事」），把手洗乾淨虔敬禮
神（稟告）就可以了。占筮者所轉
告靈示以此誡告總括，而後啟導以
態度要莊重／光明正大，並且儘量
省思自己的初衷和注意百姓的動靜
以及記得禮敬天子（以便為所封地
謀得好福利）等，可說用心良苦而
占情可感（不枉有此一筮問）！

噬嗑

☲ 噬嗑，亨，利用獄。

〔注釋：噬，啮。嗑，音㘧，合（特指吃到異物）。獄，擊（用利器剔除它）。〕

初九，屨校滅趾，无咎。

〔注釋：屨，鞋。校，木羈（烤肉架旁木料多會絆人）。趾，腳趾。无咎，食客紛至鞋為亂木所羈而淹沒腳趾不要緊。〕

六二，噬膚滅鼻，无咎。

〔注釋：噬膚，啃獵物表皮。滅鼻，鼻子全埋進了。无咎，饞相雖然不雅卻也無妨。〕

六三，噬腊肉，遇毒，小吝，无咎。

〔注釋：噬腊肉，吃野獸乾肉。遇毒，遇到毒藥殘留（以毒矢射獸所遺）。小吝，小有傷害。无咎，但終究無妨。〕

九四，噬乾肺，得金矢，利艱貞，吉。

〔注釋：肺，音㘱，帶骨的肉（獸肉）。金矢，金屬箭頭。利艱貞，（一併）卜問有無災殃。吉，沒事。〕

六五，噬乾肉，得黃金，貞厲，无咎。

〔注釋：黃金，金矢。貞厲，（一併）卜問說要堅守己志。〕

上九，何校滅耳，凶。

〔注釋：何校，擔架（烤肉所用）而舞。滅耳，淹沒耳朵。凶，吃飽就大為娛戲會樂極生悲。〕

繹理：此卦在問飲宴（吃到異物）事，命筮者不定誰屬。占筮者所轉告靈示多就命筮者所提供情境（如「噬腊肉，遇毒」／「噬乾肺，得金矢」／「噬乾肉，得黃金」等）而給予「无咎」或「吉」的斷定，可安人心（尤其是總占僅有「利用獄」此一簡易因應辦法的啟導，當事人知道沒大礙更能放心）。至於所別為歸結對方演峻的「屨校滅趾」／「噬膚滅鼻」／「何校滅耳」這一系列戲碼（不排除有占筮者靈隊的模想成分），則從「无咎」讚同到「凶」戒惕一路事後陪伴，無異是在為彼輩不知節制而擔憂。當事人是否受教，無從得知；但可確定的是，筮

占的示警功能一直存在，很足以被
人傳為美談。

賁

賁，亨，小利，有攸往。
〔注釋：賁，音2，飾（為求婚媾
而修飾）。〕
初九，賁其趾，舍車而徒。
〔注釋：趾，同止，足。舍車而徒，
徒步往求婚媾（以表誠意）。〕
六二，賁其須。
〔注釋：須，鬚（代容貌）。〕
九三，賁如濡如，永，貞吉。
〔注釋：賁如，華飾。濡如，潤澤。
永，長保如此（指賁如濡如）。〕
六四，賁如皤如，白馬翰如，匪寇婚
媾。
〔注釋：賁如皤如，以素白為文飾。
白馬翰如，所騎乘白馬雖然昂奮。
匪寇婚媾，但不能以搶親手段而達
到婚媾目的。〕
六五，賁于丘園，束帛戔戔，吝，終
吉。

〔注釋：丘園，苑圍。束帛戔戔，帛織品積存多。吝，再添增就會有悔失。終吉，將來取為聘禮必蒙受納而終能獲得吉祥。〕

上九，白賁，无咎。

〔注釋：白賁，以素白為飾（飾忌奢華）。〕

繹理：此卦在問飾事，命筮者不定誰屬。當事人要娶親而問筮有關修飾該當如何，占筮者所轉告靈示啟導以整救容貌為要（所謂「賁其趾」／「賁其須」，用意在此），其餘則簡樸一點（以免遭嫉或引人覬覦）。而從占辭中多有勸諭以「賁如皤如」／「賁于丘園，束帛戔戔，吝」／「白賁」等來看，靈隊應該早已探知當事人素有奢華習性（甚至還可能會蠻橫迫婚），所給惕勵莫不能淪肌浹髓，對方自當細審過誤而有所悔改（否則就毋須問筮）。

剝

䷖剝，不利有攸往。

〔注釋：剝，落（牀剝落）。〕

初六，剝牀以足，蔑，貞凶。

〔注釋：以，及。足，牀腳。蔑，輕慢。〕

六二，剝牀以辨，蔑，貞凶。

〔注釋：辨，牀杠。〕

六三，剝之，无咎。

〔注釋：之，此（牀）。〕

六四，剝牀以膚，凶。

〔注釋：膚，皮（以代牀身）。〕

六五，貫魚以宮人寵，无不利。

〔注釋：貫魚以宮人寵，寵愛宮人如貫穿魚隻不分差等。〕

上九，碩果不食，君子得輿，小人剝廬。

〔注釋：碩果不食，碩大果實不吃，比喻該得寵而未得寵（寵幸無度）。君子得輿，侯王可得車輿（冀求寵幸的人仍會駕車前來）。小人剝廬，百姓則剝落廬舍（無職無位的百姓只能敲擊廬舍以洩怨氣）。二句擴及宮外的人為說。〕

繹理：此卦在問剝牀事，命筮者為侯王之類。牀無端剝落（達及全牀），恐怕會有事故發生，於是求筮問個明白才能安心。此刻占筮者所轉告的靈示，除了告誡以暫時不要有大行動（不利有攸往），還有提醒對方得戒除可能的輕慢心理以及不均等的寵幸態度（防止變從內生或外來），幾乎是面面俱到（筮占才有這一本事）而大可給當事人袪疑解惑。

復

☷ 復，亨。出入无疾，朋來无咎。反復其道，七日來復，利有攸往。

〔注釋：復，反（撤軍）。疾，咎（過失）。來，來相助。反復，還復。〕

初九，不遠復，无祗悔，元吉。

〔注釋：不遠復，行師不遠當即刻復反。无祗悔，不至於過誤。〕

六二，休復，吉。

〔注釋：休復，息止征伐而還復。〕

六三，頻復，厲，无咎。

〔注釋：頻復，速急復反。屬，堅守還復意志。〕

六四，中行獨復。

〔注釋：中行，中途。〕

六五，敦復，无悔。

〔注釋：敦復，心懷敦厚而復還（不責備部屬，部屬就不會有怨嗟）。〕

上六，迷復，凶，有災眚。用行師，終有大敗，以其國君，凶，至于十年不克征。

〔注釋：迷復，惑於還復（舉棋不定）。以其國君，要挾對方國君。至于十年不克征，十年都征服不了（十年或比喻久時）。〕

繹理：此卦在問撤軍事，命筮者為侯王之類。出兵征伐他國，突然反悔想撤軍，可不可行要問筮。占筮者詢問靈隊，得到的答案是「撤（復）」，而且還明示七天後行動。至於別有反復告誡此次撤軍只能快（所謂不遠復／休復／頻復／中行獨復／敦復等，都有此意）不能緩（當中迷復，就是在拖延），那又是婆心苦口，

足證筮占有一定的「與人為善」特性（末了所夾陳的「至于十年不克征」一語，當是反話，為的是不給對方有後悔撤軍的機會）。

无妄

☲ 无妄，元亨利貞。其匪正，有眚，不利有攸往。
〔注釋：无妄，沒有來由的災厄。匪，不。〕

初九，无妄，往吉。
〔注釋：往，秉正而往。〕

六二，不耕獲，不菑畬，則利有攸往。
〔注釋：不耕獲，不耕田而有收穫。不菑畬（菑，音ㄗ；畬，音ㄩˊ），不耕田而田自耕。二句比喻反无妄事。〕

六三，无妄之災，或繫之牛，行人之得，邑人之災。
〔注釋：行人，道中人。邑人，邑內人。二句意謂无妄災厄是別人得利而自己失利。〕

九四，可貞，无咎。

〔注釋：可貞，可以（一併）卜問。
无咎，不致會有大過誤。〕

九五，无妄之疾，勿藥有喜。

〔注釋：疾，染疫。〕

上九，无妄，行有眚，无攸利。

〔注釋：行，行動。〕

繹理：此卦在問无妄災厄事，命筮者
為侯王或大夫之類。突然發生沒來
由的災厄，著實令人納悶，筮問看
看吉凶如何。占筮者請示靈隊，得
到守正（一如往常）而別妄動的誡
告。所發語多採借喻方式（如「不
耕獲，不菑畬，則利有攸往」／「无
妄之災，或繫之牛，行人之得，邑
人之災」／「无妄之疾，勿藥有喜」
等），當是要跟當事人所知會的狀況
相呼應，諒必很能引人了悟原无妄
災厄「不過如此」（毋須大驚小怪或
自亂陣腳）。由於凶險不大，當事人
心中石頭可以放下，所以筮占又一
次優為聳立（足夠讓人來仰賴）。

大畜

☳ 大畜，利貞。不家食，吉，利涉大川。

〔注釋：大畜，大為蓄養（利畜）。不，不留。家，大夫采邑。食，自食。意謂養畜不為自食而是要薦於宗廟以及獻於天子。利涉大川，可以一試而不必擔心有險難。〕

初九，有厲，利巳。

〔注釋：有厲，能堅守己志。利巳，有利於祭祀（巳同祀）。〕

九二，輿說輹。

〔注釋：輿說輹，車卸去軸端的束縛，比喻任畜自長於丘園而不待哺食（車原為載飼料用）。〕

九三，良馬逐，利艱貞，曰閑輿衛，利有攸往。

〔注釋：良馬逐，良馬肥壯而馳逐於丘園。利艱貞，宜（一併）卜問有無災咎。曰，發語辭（無義）。閑，設柵欄。輿衛，以車巡衛。利有攸往，意謂宜日常設欄以防畜物脫逃且以車巡衛（不讓畜物孳生事端）方有利於食祀。〕

六四，童牛之牿，元吉。

〔注釋：童牛，尚未長角的牛。牿，牢欄。元吉，牛幼時就要設牢欄蓄養（以防牛牴觸）才有大吉利。〕

六五，豶豕之牙，吉。

〔注釋：豶豕，大豬（豶，音ㄈㄣˊ）。牙，同互，楅橫。吉，設楅條以禁豕放逸乃是吉事。〕

上九，何天之衢，亨。

〔注釋：何，同荷。衢，大道（四通八達）。意謂蓄養乃須擔荷天職（如獻享之類）而不為己私。〕

繹理：此卦在問利畜（奉命養畜）事，命筮者為大夫之類。大夫在服地奉命養畜以備獻享，能否成功，可得求筮一問。占筮者轉告靈示「吉」定了（知道受享的天神會一路庇祐）；只是還有細節要交代，以致就不憚煩言再絮叨一番（計有「不家食」的總提醒以及「有厲」／「輿說輹」／「曰閑輿衛」／「童牛之牿」／「豶豕之牙」的分項點撥和「何天之衢」的使命給定等）。當事

人大概是初次接辦大畜，唯恐難成
而焦慮不已，如今徵得靈示如此應
可放手去幹，可見筮占能安定人心
的一斑。

頤

☲ 頤，貞吉。觀頤，自求口實。
〔注釋：頤，頷，俗話下巴，引伸
為養身。觀頤，看（說到）養身術。
自求口實，以口中所能實在飲食為
要（戒貪饞）。〕
初九，舍爾靈龜，觀我朵頤，凶。
〔注釋：舍爾靈龜，你不去求靈驗
的龜卜。觀我朵頤，只看（問）我
動頤嚼物。凶，不太妥當（有凶
險）。〕
六二，顛頤，拂經于丘頤，征凶。
〔注釋：顛頤，顛倒頤養（不取正
常管道）。拂經于丘頤，違常於丘園
頤養（反過來在丘園頤養才是正
道）。征凶，這樣做會有凶險。〕
六三，拂頤，貞凶。十年勿用，无攸
利。

〔注釋：拂頤，乖違於頤養。十年，比喻久時。〕

六四，顛頤，吉。虎視眈眈，其欲逐逐，无咎。

〔注釋：眈眈，虎下視樣子。逐逐，相繼不乏。全文意謂頤養要能吉而无咎，則得如虎眈視且不懈怠於進益。〕

六五，拂經，居，貞吉，不可涉大川。

〔注釋：拂經，如有違常養。居，則居處而自守。不可涉大川，不可冒險涉難。〕

上九，由頤，厲吉，利涉大川。

〔注釋：由頤，從頤（已知頤養之道）。厲吉，能堅守此志（自求口實）則有福祉。利涉大川，也無妨去冒險涉難。〕

繹理：此卦在問養身事，命筮者不定誰屬。由於養身首在進食，而進食時得動頤以嚼物，所以頤引伸為頤養。命筮者有此一問，大概跟他不善於養身（長期或偶爾染恙）有關。占筮者所轉告靈示約略只針對當事

人貪饞不忌口部分（靈隊所察覺的）予以規諫，此外就沒再開給什麼食方（事實上也不容易辦到）。即使如此，當中所顯現點化對方的一些事（如有凶險的捨棄龜卜／顛倒頤養／乖違於頤養等），也已足夠證實筮占特能掀揭癥結而療癒人心的功效。

大過

䷛大過，棟橈，利有攸往，亨。

〔注釋：大過，大逢遇。棟橈，屋棟撓曲（特舉屋棟撓曲一端以表大逢遇）。利有攸往，要有所行動來應變。〕

初六，藉用白茅，无咎。

〔注釋：藉用白茅，以白茅為藉而薦物於神祇。〕

九二，枯楊生稊，老夫得其女妻，无不利。

〔注釋：生稊，長嫩葉。得其女妻，遇到少女而娶為妻（又舉枯楊長葉和老夫娶少妻二端以表大逢遇。〕

九三，棟橈，凶。

〔注釋：凶，屋棟撓曲將有變生。〕

九四，棟隆，吉。有它，吝。

〔注釋：隆，豐大（增飾）。它，古蛇字。全文意謂把撓曲的屋棟扶正增飾會轉為遇喜，但如果有蛇為患（沒注意防牠）那就不妙了。〕

九五，枯楊生華，老婦得其士夫，无咎无譽。

〔注釋：生華，開花。得其士夫，遇到少壯之士而迎為夫。无咎无譽，無過誤也無榮耀。全文意謂大逢遇倘若像枯楊開花或老婦得少夫那樣，只能算是偶幸，不好不壞。〕

上六，過涉滅頂，凶，无咎。

〔注釋：過，太過。涉，涉險。滅頂，沒頂。无咎，無自為過咎。全文意謂太過大逢遇而涉險會有被沒頂的凶險，這時候就不要再自為過誤添亂了。〕

繹理：此卦在問意外遭遇（大逢遇）事，命筮者不定誰屬。命筮者所遭

逢的意外事可能規模不小（該事已經發生就不在繇辭中重述），因為不明來由而生困惑，所以就有此一問。占筮者所轉告的靈示乃姑且舉「棟橈」／「枯楊生稊，老夫得其女妻」／「枯楊生華，老婦得其士夫」等為例許定吉凶以備參考。總括來說，遭遇意外事件當然是要有所應變，但也不宜太過急躁而誤蹈裏頭可能會有的某些陷阱（他者靈隊尋釁牽引所設）。當事人得此誡告，自應心懸明燈去「徹照隅隙」，從而襯托出筮占可被大為借鑑的高度價值。

習坎

䷜ 習坎，有孚維心，亨，行有尚。
〔注釋：習坎，修坑。有孚維心，有信心。行有尚，庶幾能行。〕

初六，習坎，入于坎窞，凶。
〔注釋：窞，坑中小穴。凶，要小心。〕

九二，坎有險，求小得。
〔注釋：求小得，不求大得。〕

六三，來之坎，坎險且枕，入于坎窞，勿用。

〔注釋：之，於。枕，同沈，深。勿用，不要過度鑿深。〕

六四，樽酒，簋貳，用缶，納約自牖，終无咎。

〔注釋：樽酒，酒樽（酒罈）。簋貳，貳簋（裝食物器皿）。缶，盛酒漿瓦器。納，內（存入）。約，纏束，俗話繩。牖，窗（此特指天窗）。全文意謂樽簋缶等食器要用繩子綁好，自牖而入妥善保存。〕

九五，坎不盈，祗既平，无咎。

〔注釋：盈，滿過。祗，音ㄓ，抵。全文意謂儲物在坑抵於已平就好而不要滿過坑面。〕

上六，係用徽纆，寘于叢棘，三歲不得，凶。

〔注釋：徽纆，繩索。寘，同置。三歲，比喻久時。全文意謂藏物僅以繩索捆綁隨手放置於叢棘中（而不知藏於坑中），久必遺忘而找不到。〕

繹理：此卦在問修坑（儲物用）事，
命筮者不定誰屬。修坑可能會遇到
的凶險，不外頂部塌陷（壓傷人）、
鑿深進水（壞事）和不堪使用（過
度潮濕或土質太鬆軟）等，這些在
靈示中都排除了，當事人原有疑慮
的（才要求筮一問）依此應可放心
去做（靈隊自會或自要保護工程安
全無虞）。至於所見的諸多提醒（包
括「有孚維心」／「入于坎窞，凶」
／「求小得」／「（食器）納約自牖」
／「坎不盈，祇既平」／「（藏物於
叢棘）三歲不得」等），都是意在激
勵而非真有助於當事人抉擇（他只
要知道可不可行一點就夠了）。也就
是說，那些本都是該注意的事項，
當事人豈能沒有心理準備？既然如
此，那麼占筮者轉告靈示還要重出
那些啟導或誡告，當事人就只好「忍
著聽訓」（不然還能怎樣），終究還
是以那「行有尚」或「无不利」的
占斷保證為所感念。正因為吉凶可
驗，所以筮占的功能就別無他方可
以取代。

離

☲ 離，利貞，亨。畜牝牛，吉。

〔注釋：離，去（出征）。畜牝牛。蓄養母牛以備食。〕

初九，履錯然，敬之无咎。

〔注釋：錯，交錯。敬之，敬謹以行。〕

六二，黃離，元吉。

〔注釋：黃離，卸去有文采的衣物。〕

九三，日昃之離，不鼓缶而歌，則大耋之嗟，凶。

〔注釋：昃，日在西方時側。耋，年八十（年老的代稱）。嗟，嘆。全文意謂在日昃時出征（乘敵人不備），不鼓缶而發浩歌（聲勢欠壯），聞者必感悽愴（疑未戰先敗）。〕

九四，突如其來如，焚如，死如，棄如。

〔注釋：如，語辭（無義）。全文意謂戰爭必有死傷，或被焚，或慘死，或遭棄，恐怕會突然而來。〕

六五，出涕沱若，戚嗟若，吉。

〔注釋：沱，滂沱。若，如（語辭）。
戚嗟，悲悼。全文意謂如果戰有不
利，士兵死傷而歸者必多，身為天
子必須出涕戚嗟予以憫悼；如此則
家屬無怨，而未傷亡者聽聞也必會
樂於效命。〕

上九，王用出征，有嘉折首，獲匪其
　醜，无咎。

〔注釋：嘉，嘉賞。折首，斬首。
獲，俘獲。匪，非。醜，可惡，借
為儔類（按：匪其醜，必指活敵）。〕

繹理：此卦在問出征事，命筮者為天
　子。出征不知是吉是凶，問筮以決
　疑，所得答覆是「吉」。此為大關要，
　其餘就不必再煩為求取賜知了（出
　征既已定案，所會發生的狀況早就
　都該設想到了）。只不過占筮者及其
　背後靈隊基於職責或威信還是要勉
　為「耳提面命」一番〔所謂「畜牝
　牛（以概其餘）」／「敬之」／「黃
　離」／「（得反）不鼓缶而歌」／「突
　如其來如」／「出涕戚嗟」／「有
　嘉折首獲醜」等，理當無一不在當

事人的考慮範圍內，而靈示還要這般絮叨，只因沒別的話姑且就拿它們來湊數了〕，這是筮占在能給命筮者所亟欲知道吉凶訊息以外一項附帶效益的展現，該勤力勞助的用意依然可感。

咸

䷞咸，亨利貞，取女吉。

〔注釋：咸，感。取，娶。〕

初六，咸其拇。

〔注釋：拇，足大指。〕

六二，咸其腓，凶，居吉。

〔注釋：腓，音ㄈㄟˊ，脛骨後肉。〕

九三，咸其股，執其隨，往吝。

〔注釋：股，髀，俗語大腿。隨，逐。〕

九四，貞吉，悔亡。憧憧往來，朋從爾思。

〔注釋：憧，同懂，遲。爾，你。思，謀慮。〕

九五，咸其脢，无悔。

〔注釋：脢，音ㄇㄟˊ，背肉。〕

上六，咸其輔頰舌。

〔注釋：輔，上領。頰，臉面。〕

繹理：此卦在問婚媾（如何感動對方）
事，命筮者不定誰屬。婚媾要怎麼
感動對方能順利求得，這不外有言
語慰藉和行動示愛兩種策略可採
用。當中言語慰藉策略幾乎沒得考
慮（古時通婚前雙方大多無緣見
面），只剩行動示愛策略不妨一試。
占筮者所轉告的靈示也是從這方面
著眼，而多啟導以「咸其拇」／「咸
其腓」／「咸其輔頰舌」等致力於
較能讓人感覺誠意的受愛處（拇／
腓／輔頰舌等都是可公然被體貼部
分）；同時也告誡以忌「咸其腓」／
「咸其股」等嫌涉猥褻的強感行為
（腦筋動到對方的大腿和小腿肚，
可見此人心術不大端正）。雖然除了
「取女吉」以外其他都屬借物為喻，
但這對命筮者來說有此一「要感動
到對的地方」的指引，當也值回票
價了。

恆

䷟ 恆，亨，无咎。利貞，利有攸往。
〔注釋：恆，常。〕

初六，浚恆，貞凶，无攸利。
〔注釋：浚，同濬，深。〕

九二，悔亡。
〔注釋：悔亡，無悔失。〕

九三，不恆其德，或承之羞，貞吝。
〔注釋：德，得。承，受。羞，進
獻。〕

九四，田无禽。
〔注釋：禽，鳥，比喻敵間。〕

六五，恆其德，貞，婦人吉，夫子凶。
〔注釋：婦人吉，對婦人有好處。
夫子凶，對夫子你沒好處。〕

上六，振恆，凶。
〔注釋：振，救濟。〕

繹理：此卦在問偵察敵情（是否要恆
常如此）事，命筮者為武人或邊關
守將之類。偵察敵情鐵定是曠日費
時的事（如果是上面授意，那就更
有得掙扎了），前景是否樂觀則一概

不知，以致有必要借筮一問。占筮者轉告靈示當事人要有恆心（耐心）幹下去（因此就以恆字名卦冒領繇辭）；只是還有一些節點得變通，包括不能「浚恆」（固守太深或不察危機）／「不恆其德，或承之羞」（只知聚斂而不知反饋部屬以為甘守）／別想扭轉「田无禽」的運勢（在偵查範圍內不可能有太多敵間被你發現）／只一味「恆其德」（甘守）或「振恆」（施振）不會有好處（因為那本就是該做的，現在為了守住初衷而忽略任務的艱鉅性還在考驗著；如此不思振作趕緊突破困境，只會讓人看破手腳笑你「原來並沒有什麼大本事」）等。縱使如此，一句接恆後的斷言「利有攸往」，已經安好了當事人的心（足證筮占的效用），上面那些忠告也就聽聽自己去「有則改之，無則加勉」了。

遯

☰☷ 遯，亨，小利，貞。

　　〔注釋：遯，逃（囚犯逃走）。〕

初六，遯尾，厲，勿用有攸往。

　　〔注釋：尾，動物尾巴，引伸為微。〕

六二，執之用黃牛之革，莫之勝說。

　　〔注釋：革，皮帶。說，音ㄊㄨㄛ，解。〕

九三，係遯，有疾，厲。畜臣妾，吉。

　　〔注釋：係，繫。疾，疾憊。畜臣
　　妾，囚犯要向蓄養臣妾那樣善待。〕

九四，好遯，君子吉，小人否。

　　〔注釋：小人否，百姓做此事無利
　　（對方不會受用）。〕

九五，嘉遯，貞吉。

　　〔注釋：嘉，讚美。〕

上九，肥遯，无不利。

　　〔注釋：肥，給好處。〕

繹理：此卦在問逃犯（能否緝捕歸案）
　　事。命筮者為侯王之類。囚犯逃跑，
　　責任歸屬在士師，卻由主子侯王親
　　自問筮，可見該囚犯乃非泛泛之輩
　　（可能是政敵或曾是親密者）。占筮
　　者背後的靈隊也知道此事並不單
　　純，於是所出的語示有誡告（如「遯
　　尾，厲，勿用有攸往」／「係遯，

有疾，屬」等）有啟導（如「執之用黃牛之革」／「好遯」／「嘉遯」／「肥遯」等），頗為周到。至於當事人在聽到會有「小利」時，應該已經心裏有數了（囚犯遲早會回籠），隨後再得到上面那一系列的誠告啟導，則又當更知是被自己的短處所誤（少了對囚犯的體恤，人家才會拼老命逃跑），如果能夠照著指示去做，那麼這件事大概就可以圓滿落幕（終於又證實了筮占的特能為人決疑效益）。

大壯

䷡大壯，利貞。

〔注釋：大壯，大傷害。〕

初九，壯于趾，征凶，有孚。

〔注釋：壯于趾，傷在腳趾。征凶，往牧（或他事）有凶險。有孚，必須有信心。〕

九二，貞吉。

〔注釋：貞吉，（一併）卜問狀況還好。〕

九三，小人用壯，君子用罔，貞厲。
羝羊觸藩，羸其角。
〔注釋：小人用壯，百姓難以避免
傷害（設想不周到）。君子用罔，侯
王可以避免傷害（能謹慎行事而無
妨礙）。羝羊，牡羊（公羊）。藩，
圍籬。羸，同縲，纏繞。〕

九四，貞吉，悔亡。藩決不羸，壯于
大輿之輹。
〔注釋：決，破缺。輹，車軸縛。〕

六五，喪羊于易，无悔。
〔注釋：易，同場，圍籬邊界。〕

上六，羝羊觸藩，不能退，不能遂，
无攸利，艱則吉。
〔注釋：遂，進。〕

繹理：此卦在問大傷害事，命筮者為
侯王之類。大傷害事已經發生（毋
須重述於繇辭中），不知道還會有什
麼災厄隨著而來，所以問筮看看。
占筮者所轉告靈示多取物為喻（如
「壯于趾」／「羝羊觸藩」／「壯
于大輿之輹」等），並且明告以事屬
非人力所能主導但不致會有大礙

（只要「有孚」／「屬」就能「悔亡」而獲「吉」）。由於此事也被指示另益以龜卜，結果並無甚差異，所以當事人應可放心而不必再為大壯事耿耿於懷了（從而證實筮占的公信力可受肯定）。

晉

䷢ 晉，康侯用錫馬蕃庶，晝日三接。
〔注釋：晉，進（進爵）。康侯，康叔（周武王少弟，周公攝政時所封）。錫，賜。馬，車馬。蕃庶，繁多。接，接見。〕
初六，晉如摧如，貞吉。罔孚，裕无咎。
〔注釋：摧，擠。裕，寬足（給賞）。〕
六二，晉如愁如，貞吉。受茲介福，于其王母。
〔注釋：愁，憂。茲，此。介，大。〕
六三，眾允，悔亡。
〔注釋：允，信。〕
九四，晉如鼫鼠，貞厲。

〔注釋：鼫鼠，五技鼠 [70]，比喻進爵者但以領賞為務而罕能相稱他們的才德。〕

六五，悔亡，失得勿恤。往吉，无不利。

〔注釋：失得勿恤，勿以得失為念。〕

上九，晉其角，維用伐邑。厲吉，无咎，貞吝。

〔注釋：角，競力。維，繫。伐邑，聲討對方所屬國（未稱能者的封地）。〕

繹理：此卦在問進爵（憂慮自己久未受賞進爵）事，命筮者為侯王之類。久未受賞進爵，不是天子有私心就是他人比較會鑽營（搶先獲得賞賜），求筮一問（情況是否更為複雜）以解心中疑惑。占筮者所轉告靈示乃慰勉多於陳述實相（可能該靈隊也有礙難探知詳情的地方，畢竟像康侯那種受寵賜（「用錫馬蕃庶」）的盛況也蘊涵了裏頭有濫竽充數者的奔競擠兌（所謂「晉如摧如」／

「晉如愁如」／「晉如鼫鼠」／「晉
其角」等，就是在形容那種奔競擠
兌的情況），不去跟人家湊熱鬧也
罷！此外，所一併卜問有「吉」／
「屬」／「无悔」的，那是反向安
慰（知道有那些現象存在並非壞事
／至少還懂得把持自己），因為那些
推擠著去領賞賜的人（「罔孚」）是
要靠上面主子寬於給賞才能得逞
（「裕无咎」），並且背後還有老媽子
（侯王所共）在推一把暗助！如此
一來，當事人理應要察覺癥結所在
了。而他究竟會不會就此釋懷，則
無從得知；但至少他所憂慮的事靈
示都提供了解方，顯見所求助於筮
占的也已功在人心而無妨大加信賴
了。

明夷

䷣明夷，利艱貞。
〔注釋：明，公然。夷，傷（被人
中傷）。利艱貞，宜（一併）卜問看
看有無殃咎。〕

初九，明夷于飛，垂其翼。君子于行，三日不食。有攸往，主人有言。

〔注釋：翼，翅膀。二句意謂被人中傷就像鳥飛而垂著翅膀（無法高翔）。三日，比喻久時。不食，沒得飲食。主人，天子。有言，有言語傷害。意謂連天子都會受影響而懷疑你（君子／侯王）。〕

六二，明夷夷于左股，用拯馬壯，吉。

〔注釋：左股，左大腿。拯，承。二句意謂被人中傷就像左大腿受傷正好可用以促成馬兒更壯碩（上馬多由左而上，所以取以為喻）。〕

九三，明夷于南狩，得其大首，不可疾，貞。

〔注釋：狩，田獵。大首，元首（禽獸最要者）。疾，急速處理。三句意謂被人中傷就像在南方狩獵獲得最要的獵物先不要急著處理（以免被對方視為貪婪而加一重毀謗）。〕

六四，入于左腹，獲明夷之心，于出門庭。

〔注釋：入于左腹，比喻博取對方信任。獲明夷之心，意謂這樣就能

得到對方的諒解。于出門庭，比喻
中傷就會中止自去。〕

六五，箕子之明夷，利貞。

〔注釋：箕子，商紂叔父。意謂就
像箕子被中傷受囚。〕

上六，不明晦，初登于天，後入于地。

〔注釋：晦，暗。初登于天，太陽
升至上空原是要光照大地的。後入
于地，後來卻因光芒欲盡而落地。
三句意謂被人中傷就像日落只因不
明而晦，乃無可奈何的事（只能屈
直由人）。〕

繹理：此卦在問中傷（被人公然中傷）
事，命筮者為侯王之類。被人公然
中傷，必有可怕的謠言在流傳，這
不求筮問個明白不行（所受中傷詳
情已知，不必再重述於繇辭中）。占
筮者所轉告靈示乃多以喻詞而為對
方寬慰（如「明夷于飛，垂其翼。
君子于行，三日不食」／「明夷夷
于左股，用拯馬壯」／「明夷于南
狩，得其大首，不可疾」／「箕子
之明夷，利貞」等）；此外，另有曉

諭（如「入于左腹，獲明夷之心，于出門庭」／「不明晦，初登于天，後入于地」等）。這樣是否已足夠為當事人袪疑解惑，沒得知道（連占辭中的「利艱貞」、「貞」和「利貞」等也不曾列出卜問結果可給對方一點信心）；不過就靈隊極盡多方寬慰曉諭的能事來看，此一筮占仍頗有可實質療癒受中傷者心理不平衡的效果，因為對方不就正等著能人（神靈）給他這類聽著受用的開釋麼！

家人

䷤家人，利女貞。
　　〔注釋：家人，如字（大夫采邑稱家乃引伸義）。〕
初九，閑有家，悔亡。
　　〔注釋：閑，闌，引伸為防閑。有，語助辭（無義）。〕
六二，无攸遂，在中饋，貞吉。
　　〔注釋：遂，進。饋，餉或食。〕
九三，家人嗃嗃，悔，厲吉。婦子嘻嘻，終吝。

　　〔注釋：嗃嗃，音ㄏㄜˋㄏㄜˋ，興盛。婦
　　子，婦人小孩。嘻嘻，驕佚嘻笑。〕
六四，富家，大吉。
　　〔注釋：富，富厚（足食足衣）。〕
九五，王假有家，勿恤，吉。
　　〔注釋：王，天子。假，至。意謂
　　來家探視。恤，憂。〕
上九，有孚威如，終吉。
　　〔注釋：威，威嚴。〕

繹理：此卦在問管束家人事，命筮者
　　為侯王或大夫之類。家人冥頑無賴
　　或偷雞摸狗，都需要管束調治，只
　　是不清楚要從那裏著手，所以有此
　　一問。占筮者所轉告靈示要害有三：
　　第一，主中饋的人（主婦）不稱職；
　　第二，不能給家人足夠衣食；第三，
　　自己缺乏威信。這三方面得一起改
　　進才有希望（所謂「无攸遂，在中
　　饋，貞吉」／「富家，大吉」／「有
　　孚威如，終吉」等，就是在指引這
　　些進趨方向）。由於治家出問題有一
　　要項乃因約束女人無方所致（列在
　　首位），所以總占才會以「利女貞」

見示，而在分占中也有以「婦子嘻嘻」（重點在婦）為戒，可見該靈隊對此一家內狀況瞭若指掌。這應能給當事人一大棒喝，教他知所警惕（因而證實筮占確有「先見之明」）！

睽

䷥ 睽，小事，吉。

〔注釋：睽，乖違（見解跟人相左）。小事，非大事（不要緊）。〕

初九，悔亡。喪馬勿逐，自復。見惡人，无咎。

〔注釋：喪馬，馬走失。勿逐，不必追逐。自復，牠自己會回來。二句比喻見解跟人相左會被排擠，但不必急於挽回所失人心，最終還是能獲得對方的諒解（反過來稱讚你）。惡人，形貌殘陋者，比喻跟自己意見不合的人。〕

九二，遇主于巷，无咎。

〔注釋：主，上司。巷，里中道。連下句意謂即使跟上司狹道相逢也

不必畏懼，因為他也找不出理由來
貶斥你。〕

六三，見輿曳，其牛掣，其人天且劓，
无初有終。

〔注釋：曳，牽引。掣，（拉車的牛）
角一仰一俯。天，鑿顛（額頭被黥）。
劓，劓鼻（鼻子被割）。連下句意謂
車上坐有刑餘之人（比喻所見解相
左中人有頑劣分子），終究會對自己
不利，但只要不跟他有進一步衝突
他也拿你沒轍。〕

九四，睽孤，遇元夫，交孚，厲无咎。

〔注釋：孤，孤處。元夫，遭刖足
者（跟被黥額劓鼻者／惡人同類）。
連下二句意謂遇到跟你意見極為不
合的人，只有以信實相待並堅守己
志，這樣即使你仍不免被孤立也無
妨。〕

六五，悔亡。厥宗噬膚，往何咎？

〔注釋：厥，其。宗，祖廟。噬膚，
啗肉。往，往攻。三句意謂跟自己
意見乖異的人啗肉不在家裏反而
跑來宗廟（比喻刻意標新立異），你

仗義抨擊他有何不可？放心，沒過
失。〕

上九，睽孤，見豕負塗，載鬼一車，
先張之弧，後說之弧。匪寇婚媾，
往遇雨則吉。

〔注釋：負，恃（不走）。塗，道路。
鬼，鬼方人。先張之弧，先張弓以
備。後說之弧，後見來者無犯意弓
又放下。匪寇婚媾，不要為暴去搶
婚（比喻毋須以盛氣凌人）。往遇雨
則吉，意謂應廣求輔助，如行中逢
雨可解乾渴，自有祥祉隨後來到。〕

繹理：此卦在問見解跟人相左事，命
筮者為侯王之類（從占辭中比喻事
多非泛泛可推知）。見解跟人相左，
不知會有何後果，問筮看看。占筮
者所轉告靈示此乃小事一樁不必過
度張惶（靈隊大概知道敵對者有雅
量不會來挑釁構陷）。而在祛除對方
的疑慮後，又連出一系列比喻為對
方寬心（如各爻辭所示）。這般唯恐
當事人不能釋懷的唯美式諄誨作
法，不啻是筮占所能給人衷心感念

的一個得力處，誰錯過了誰就得等
著懊悔不迭（因為無緣聽見那麼多
可帶給人審美享受的精采喻例）！

蹇

蹇，利西南，不利東北，利見大人，
貞吉。
〔注釋：蹇，跛，引伸為行難。利
西南，宜往西南方去。不利東北，
不宜往東北方去。利見大人，宜求
見天子相助。〕
初六，往蹇，來譽。
〔注釋：譽，稱譽。〕
六二，王臣蹇蹇，匪躬之故。
〔注釋：蹇蹇，行難樣子。匪，非。
躬，身。全文意謂在天子底下做事
無不困難重重，因為身不由己呀！〕
九三，往蹇，來反。
〔注釋：反，反蹇。〕
六四，往蹇，來連。
〔注釋：連，流連（獲利）。〕
九五，大蹇，朋來
〔注釋：朋來，需要朋友來協助。〕

上六，往蹇，來碩，吉，利見大人。

〔注釋：碩，美大（受讚美）。〕

繹理：此卦在問行難事，命筮者為大夫之類。奉命行事，卻發現困難重重，求筮一問或能解惑。占筮者所轉告靈示先啟導以「利西南」／「利見大人」，而後再用「來譽」／「來反」／「來連」／「朋來」／「來碩」等相警（意思是此行確是不易要反悔還來得及／但得先求見天子說明困難點以便獲得他的諒解）。至於那一句「王臣蹇蹇，匪躬之故」，則是給對方的無上贈言，畢竟當臣子的都有如「人在江湖，身不由己」，能向誰去抱怨？不如認命吧！正緣於靈示中隱含了「利西南」／「貞吉」此一幾近肯定式訊息（意思是確實行難，但試著去做仍有成功的機會），當事人可據以排除心中的不確定感，所以筮占的可信賴性還是不可小看。

解

䷥ 解，利西南。无所往，其來復，吉。有攸往，夙吉。

〔注釋：解，寬釋（解除百姓的束縛）。利西南，宜多在西南方著眼。无所往三句，意謂此次前往如不能得民心，則回返修德以自持，乃可獲吉。有攸往二句，意謂如果想招攬民心，則應明往而不宜暗行，如此始能獲吉。〕

初六，无咎。

〔注釋：无咎，解事大體上无過失。〕

九二，田獲三狐，得黃矢，貞吉。

〔注釋：田獲三狐三句，意謂此行途中在田野幸獲三隻狐狸而得到金矢，（一併）卜問是好兆頭。〕

六三，負且乘，致寇至，貞吝。

〔注釋：負且乘三句，意謂獲狐才要登車卻引來匪寇而被搶去，（一併）卜問是好兆頭恐怕要去掉一半。〕

九四，解而拇，朋至斯孚。

〔注釋：而，他們（指百姓）。拇，足大指（概括全腳）。意謂徹底解除百姓的束縛。孚，附。意謂百姓倒懸既解必羣來依附。〕

六五，君子維有解，吉，有孚于小人。

〔注釋：維，繫。三句意謂侯王能解除百姓的束縛，再好也不過，一定可以取信於民而不致有悖亂事發生。〕

上六，公用射隼于高墉之上，獲之无不利。

〔注釋：墉，城垣。二句意謂解縛可得民心，猶如侯王你在高城牆上射鷹隼，必然有收穫而沒有不利。〕

繹理：此卦在問解縛事，命筮者為侯王之類。稅重或法苛或役勞引來民怨，試圖要給予紓解，但不知準度如何調整（已經在做卻效果甚微），問筮看看。占筮者所轉告靈示有明指再出發方向（如「利西南」／「无所往，其來復」／「有攸往，夙吉」等），也有據事（當事人所提供「田獲三狐，得黃矢」／「負且乘，致

寇至」等）併為「貞吉」／「貞吝」
以供參鏡，當事人應該清楚要怎麼
做了（至於另有「公用射隼于高墉
之上，獲之无不利」一類喻諭以及
「解而拇，朋至斯孚」／「君子維
有解，吉，有孚于小人」等這般啟
導，則是在強化對方的信心，當可
一併聽著受用）。筮占能直探祕境而
為人解惑的不凡功用，由此可見一
斑。

損

☷ 損，有孚，元吉，无咎。可貞，利
有攸往。曷之用，二簋可用享。
　〔注釋：損，減（裁減祭品）。曷，
何。〕
初九，巳事遄往，无咎，酌損之。
　〔注釋：巳，同祀。遄，速。〕
九二，利貞，征凶，弗損益之。
　〔注釋：益，饒。後二句意謂裁減
祭品往祀則無過失；如果不裁減祭
品而反過來更為添增，往祀則有過
失。〕

六三，三人行，則損一人；一人行，
則得其友。

〔注釋：損，減。全文意謂倘若三
人同往祭祀，必減一人以成二（湊
成雙數）；倘若一人獨行（往祀），
必邀友人以成雙（此為基本禮數）。〕

六四，損其疾，使遄有喜，无咎。

〔注釋：疾，病。全文意謂如果想
減輕病痛，必須速往祀神除厄，才
能確保康泰（祀神本也是為了損疾
去厄）。〕

六五，或益之十朋之龜，弗克違，元
吉。

〔注釋：朋，二系一朋（五貝一系）。
龜，決疑物。弗克違，不違龜兆所
示。〕

上九，弗損益之，无咎，貞吉。利有
攸往，得臣無家。

〔注釋：家，大夫采邑。全文意謂
不必一味裁減祭品，偶爾增添一點
也無妨；這有利於祭祀，尤其在遇
到無采邑的大夫相助祭時更是如
此。〕

繹理：此卦在問裁減祭品事，命筮者
為侯王之類。裁減祭品（兼有簡化
祭儀）計議能否執行尚有疑慮，問
筮一下或有解方。占筮者所轉告靈
示啟導以斟酌損益乃是餘事，有誠
心最重要（緣此先有戒「弗損益之」
而後又勸「弗損益之」，表面看似矛
盾，實則是在權為解套）。此外，別
有指點「二簋可用享」／「三人行，
則損一人；一人行，則得其友」／
「損其疾，使遄有喜」／「或益之
十朋之龜，弗克違」等，則屬「盡
責相告」範圍，多多益善。由於「有
孚，元吉，无咎」一案已定，當事
人所要裁減祭品的初衷多少會受到
衝擊卻又不影響未來的任何決定，
以致筮占為人決疑的優為存在性乃
斑斑明著而不可動搖。

益

䷩ 益，利有攸往，利涉大川。
〔注釋：益，饒（遷徙諸侯從小國
到大國）。〕

初九，利用為大作，元吉，无咎。

〔注釋：大作，大事（指遷國）。〕

六二，或益之十朋之龜，弗克違，永，
貞吉。王用享于帝，吉。

〔注釋：永，永久如此。帝，天帝
（天神）。〕

六三，益之用凶事，无咎。有孚中行，
告公用圭。

〔注釋：前二句意謂遇凶事（阻難）
則饒益以物，始能弭亂而無過失。
後二句意謂秉持信實而行且以圭幣
為信物（送給所遷國侯王作為憑
證）。〕

六四，中行告公，從，利用為依遷國。

〔注釋：依，助。全文意謂必須將
遷國緣由於中路明示侯王，如能獲
得侯王信從，那就更有助於遷國事
順利進行。〕

九五，有孚惠心，勿問，元吉。有孚
惠我德。

〔注釋：惠，順。問，訊問。全文
意謂以信實對待諸侯，但不要再找
來訊問，才能獲大吉；如此諸侯也
必定會以信實回報，毋須有疑慮。〕

上九，莫益之，或擊之，立心勿恆，
凶。

〔注釋：全文意謂不要一邊給好處
一邊又藉機攻擊（挑毛病），這般立
心無恆不守信用，一定會有凶險（引
來禍端）。〕

繹理：此卦在問遷國事，命筮者為天
子。饒益遷國是好事，但對方有疑
慮（似乎不大願意領情），該怎麼
辦？求筮問個明白。占筮者所轉告
靈示此事是為大局著想大可從事
（「利有攸往，利涉大川」），只不過
還得多一點憑證（如「有孚中行，
告公用圭」／「中行告公」／「有
孚惠心」等）才能取信於對方，並
且忌諱言行不一（「莫益之，或擊之，
立心勿恆」）而讓對方生疑（「凶」）。
顯然當事人該知道的事（包括對方
的疑慮點和自我過往遷國令可能還
存有些許未被信賴的欠佳紀錄等），
靈隊都據實以告了，做或不做就自
己決定。即使如此，筮占所帶出兩
造如實癥結，當有醒人以智而方便

於作抉擇的功能，它向來備具的無可替代性自此又可得一印證。

夬

☰ 夬，揚于王庭，孚號有厲。告自邑，不利即戎，利有攸往。

〔注釋：夬，音ㄍㄨㄞˋ，決斷。揚，舉（爭執事）。號，嘷。告，同誥，示。即戎，攻詰。全文意謂跟他國侯王有爭執而請決斷於天子，借號嘷以達隱情且要堅守己志（不輕易妥協）；同時得告誡己邑中人，不要攻詰對方，如此對決於王庭方為有利（如果事未決而先攻擊對方，在己則理虧，必有不利處）。〕

初九，壯于前趾，往不勝為咎。

〔注釋：壯，傷。前趾，前進的腳趾。比喻對決於王庭必受阻難。〕

九二，惕號，莫夜有戎，勿恤。

〔注釋：惕，戒慎恐懼。莫，同暮。有戎，對方興兵來襲。勿恤，不必憂慮（因為已戒慎恐懼嚎嘷求聞於天子，有備而無患）。〕

九三，壯于頄，有凶。君子夬夬獨行，
遇雨若濡，有慍，无咎。

〔注釋：頄，音ㄑㄧㄡˊ，顴骨（面頰）。
比喻危難近身。夬夬，決然。濡，
霑濡。後四句意謂侯王能決然獨行
所是，不畏險難，猶如遇雨而被濡
濕，雖然會有怨恨，但稍作等待必
雨過天青，如此又何有過失！〕

九四，臀无膚，其行次且，牽羊悔亡，
聞言不信。

〔注釋：臀无膚，臀受傷而至無膚，
比喻受天子譴責甚深（兩造對質，
天子聽訟難免會怪罪）。次且，同趑
趄，行不進。牽羊悔亡，比喻倘若
遭受天子譴責，宜先賠罪讓他息怒
[72]，始無悔失。聞言不信，如果有受
到敵對方的言語傷害，也不必理睬
（它會自止）。〕

九五，莧陸夬夬中行，无咎。

〔注釋：莧，音ㄏㄨㄢˊ，細角山羊。陸，
同踛，跳躍。意謂如山羊決然跳躍
於中路，不受謠言所惑，以免自陷
前進不得窘境。〕

上六，无號，終有凶。

〔注釋：全文意謂沒有號咷，隱情無法上達，則決所未決，終究會有凶險。〕

繹理：此卦在問興訟（告狀）對決事，命筮者為侯王。受他國侯王欺負要興訟對決於王庭，勝負究竟如何，求筮一問或可知曉。占筮者所轉告靈示有勸（如「利有攸往」）有誡（如「告自邑，不利即戎」），而總一句盡情控訴（「揚于王庭，孚號有厲」）大加鼓舞。猶有不足，又再多方虛擬狀況（如各爻辭所示）成功應變，以便加強當事人的信心。雖然此次並沒有進一步明示終局結果（靈隊當也無從預知事情會如何演變），但所給的氣勢相助卻已十足，筮占的可感念指數仍舊高過其他。

姤

䷫姤，女壯，勿用取女。

〔注釋：姤，同遘，遇（遇女）。女壯，此女兇悍會傷人。勿用取女，暫時不要娶她。〕

初六，繫于金柅，貞吉。有攸往，見凶，羸豕孚蹢躅。

〔注釋：柅，織績器（用以收絲）。首句意謂宜引為從事織績工作。見凶，以示賓客，恐有失禮。羸，同縲，拘繫。蹢躅，住足。末句意謂馭女當如拘繫豕般，予以善待便有服貼回報。〕

九二，包有魚，无咎，不利賓。

〔注釋：包，同庖，廚房。全文意謂庖儲有魚（代食豐）可以給此女饜足，避免言語相傷；但不宜教她接待賓客，會有失禮容。〕

九三，臀无膚，其行次且。厲，无大咎。

〔注釋：全文意謂此女恐會傷人甚鉅，以致不利於行（猶如臀部破皮的人，行動會趑趄不前）；但只要堅守己志而不脅迫對方，就不會有大過失。〕

九四，包无魚，起凶。

〔注釋：全文意謂倘若庖不儲魚，無法饜足此女，她一旦起而作亂，必有凶險。〕

九五，以杞包瓜，含章，有隕自天。

〔注釋：杞，枸杞。包瓜，匏瓜。章，明。隕，落。全文意謂以枸杞（性柔）匏瓜（可盛物）相示，期待對方凡事包容而不為亂；自己乃當明智在心而不被所傷，且盡力引導對方向善。至如對方是否真能改過遷善，則自有天命，不必煩心。〕

上九，姤其角，吝，无咎。

〔注釋：角，競力。全文意謂此女有競力心理，能妥為因應，則可免傷而無過失。〕

繹理：此卦在問遇女事，命筮者不定誰屬。遇女娶或不娶，猶豫不決，問筮看看當要如何。占筮者所轉告靈示給出一個暫時不宜迎娶的確切訊息，因為該女兇悍會傷人（靈隊所察覺到的）。此後就是告知感格對方（如「羸豕孚蹢躅」／「以杞包瓜」等）和誘導對方（如「包有魚」

／「姤其角」等）的策略，以便當
事人將來決定迎娶時可以順遂一
點。筮占有此兩面性（誡告現在和
啟導未來），足證它既可通天又能撫
順人情，本領確是不比尋常。

萃

萃，亨，王假有廟，利見大人。亨，
利貞，用大牲吉，利有攸往。
〔注釋：萃，聚（聚物助祭）。假，
至。廟，宗廟。大牲，牛。〕

初六，有孚不終，乃亂乃萃。若號，
一握為笑。勿恤，往无咎。
〔注釋：乃，則。號，號啕。一握，
呃喔。全文意謂萃聚牲物宜終守信
實不可中輟，否則會壞事；還有助
祭本繁瑣異常，如果覺得難耐而想
號啕，也得轉為呃喔笑，並且不必
憂慮天子將罪責，儘管前往助祭，
不會有過失。〕

六二，引吉，无咎。孚乃利用禴。
〔注釋：引，長。禴，廟祭。意謂
長保信實（虔誠）是為了助祭。〕

六三，萃如嗟如，无攸利。往无咎，
小吝。

〔注釋：嗟，嘆。全文意謂依此而
往，乃為助祭，必無過誤；但先有
嗟嘆，表示誠意不足，恐有小悔
失。〕

九四，大吉，无咎。

〔注釋：全文意謂助祭是好事，終
究會有善報，毋須掛慮。〕

九五，萃有位，无咎。匪孚，元永。
貞，悔亡。

〔注釋：位，專位。前二句意謂助
祭必有專位，只要把聚牲物置於該
位便無過失。中二句意謂倘若不為
天子所信賴，則宜修大德且長思助
祭事。後二句意謂能如此，（一併）
卜問乃無悔失。〕

上六，齎咨涕洟，无咎。

〔注釋：齎咨，嗟嘆。涕，哭泣。
洟，鼻液。全文意謂助祭時宜嗟嘆
涕泣（兼流點鼻液）以表哀思，始
能無過失。〕

繹理：此卦在問聚牲助祭事，命筮者
為侯王之類。年年助祭實在不勝煩

擾，想馬虎一點卻又駭怕落人把柄
（被天子責備），怎麼辦？問筮看
看。占筮者所轉告靈示以為此事無
可逃避，不如更為慎重以對，用大
牲 [73] 助祭，才能安享祿位無虞。因
此，所給的其他指示諸如「若號，
一握為笑」／「孚乃利用禴」／「萃
如嗟如，无攸利」／「匪孚，元永」
／「齎咨涕洟」等，就盡是在為「齊
全配件」著想，當事人聽後理應會
大感釋懷（或心有戚戚焉）。顯然筮
占洞若觀火的能耐，在此展露無遺。

升

升，元亨，用見大人。勿恤，南征
吉。
〔注釋：升，登（晉見並獻物於天
子）。南征，南往（天子所在地）。〕
初六，允升，大吉。
〔注釋：允，信。〕
九二，孚乃利用禴，无咎。
〔注釋：全文意謂以信實為天子助
祭，不會有過失。〕

九三，升虛邑。

〔注釋：虛，同墟，丘圍（天子所
屬）。〕

六四，王用亨于岐山，吉，无咎。

〔注釋：亨，祭享。〕

六五，貞吉，升階。

〔注釋：階，臺階。〕

上六，冥升，利于不息之貞。

〔注釋：冥，暗思。息，止。全文
意謂暗思升事，一為職責所在，一
為博得天子信任，宜恆常如此且（一
併）卜問有否欠缺。〕

繹理：此卦在問進登事，命筮者為侯
王之類。初次要進登，擔心禮有不
周，求筮問個仔細。占筮者所轉告
靈示並無多大要項，但以「允升」
／「孚乃利用禴」／「（儘管去）升
虛邑」／「（給）王用亨于岐山」／
「冥升，利于不息之貞」等常理相
啟導（靈隊大概知道此事只有盡力
去做而別無他法）。由於筮占類如此
次甚有律則（不無謂旁衍生異），以

致它的可被感念受用特長也就歷久
不衰。

困

困，亨，貞，大人吉。无咎，有言
不信。
〔注釋：困，窮乏。有言，有言語
傷害。不信，不必在意。〕

初六，臀困于株木，入于幽谷，三歲
不覿。
〔注釋：株木，木椿。幽谷，深谷。
全文以臀困木椿且被引入深谷而
久不見為喻，表示窮乏至極（後面
所舉喻類似）。〕

九二，困于酒食，朱紱方來，利用享
祀。征凶，无咎。
〔注釋：朱紱，朱市（胸前飾衣），
王者所穿。方來，獻自方國。征凶，
迷於逸樂賞玩會引來凶險。无咎，
但也不致有什麼過失。〕

六三，困于石，據于蒺藜。入于其宮，
不見其妻，凶。
〔注釋：蒺藜，茨草。據，杖持。〕

九四，來徐徐，困于金車，吝，有終。
〔注釋：徐徐，遲遲（安行）。金車，飾金之車（天子座車）。〕

九五，劓刖，困于赤紱，乃徐有說，利用祭祀。
〔注釋：劓刖，脆跪（脆），不安。赤紱，赤市（胸前蔽衣），諸侯所穿。說，音ㄩㄝˋ，罷去。〕

上六，困于葛藟、于臲卼，曰動悔。有悔，征吉。
〔注釋：葛藟，藤蔓。動悔，動輒有悔。〕

繹理：此卦在問窮乏事，命筮者為天子。大人也有窮乏時候，求筮一問或可找到解方。占筮者所轉告靈示先肯定此事無大礙（「大人吉」）；而後誡告以「有言不信」且多設譬以為曉喻：困折不免，小心因應就能渡過難關（如「臀困于株木」／「困于酒食」／「困于石」／「困于金車」／「困于赤紱」／「困于葛藟」等，不論幸與不幸，終將不再煩心）。因為有「吉」或「无咎」的斷言，

所以當事人大可不必把一時的窮乏放在心上（上述有「困于酒食」／「困于金車」／「困于赤紱」等非真屬窮乏事的設譬，乃是一併藉為示警，不宜死看），從而印證筮占的可被倚恃不殆。

井

井，改邑不改井，无喪无得。往來井井。汔至，亦未繘井，羸其瓶，凶。

〔注釋：井，穴地出水處。改，更（修繕）。喪，失。井井，取此井水為食。汔，音ㄑㄧ，乾涸。繘，音ㄐㄩ，綆（汲水索）。羸，纍。瓶，小缶（汲水器）。全文意謂只修城邑而不修井，雖然無失無得，但民眾往來都取此井水為食，一旦淤淺乾涸則後果堪虞；況且綆未及井，已纍瓶而不用，會有凶險。〕

初六，井泥不食，舊井无禽。

〔注釋：井泥，井中充泥。不食，
人所不食。舊井，猶如陳舊故井。
无禽，禽鳥也不靠近。〕

九二，井谷射鮒，甕敝漏。

〔注釋：鮒，鮒魚（蛤蟆）。全文意
謂改井時宜先清除井中物，尤其是
鮒魚為亂已久應當先射；射後或有
遺隻，則以破甕撈取（撈取時甕有
裂縫水會自漏）。〕

九三，井渫不食，為我心惻，可用汲，
王明並受其福。

〔注釋：渫，音ㄒㄧㄝˋ，除去汙穢。惻，
痛。汲，汲水。明，照明四方。全
文意謂井被渫治則清而可食，所以
不食乃因我心悽愴（因勞民修井功
本在民，如果先食則為不義，所以
宜行惻以慰民）；此外井已改竣而可
以汲取，這時如果恰遇天子來巡視，
必能鑒察而給嘉獎，那就有福可受
了。〕

六四，井甃，无咎。

〔注釋：甃，音ㄓㄡˋ，以甎壘井（以
固井壁）。〕

九五，井冽，寒泉，食。

〔注釋：冽，水清。寒泉，泉出寒冰。食，可食。〕

上六，井收勿幕，有孚元吉。

〔注釋：收，井上欄（轆轤，收綆用）。幕，蓋（覆蓋）。全文意謂井幹不當用物覆蓋（以便民眾汲水；否則會有徇私嫌疑），必須以信實待民任由他們食用，才能獲大吉。〕

繹理：此卦在問修井事，命筮者為侯王之類。城內舊井已不堪使用，究竟要不要修繕？問筮看看。占筮者所轉告靈示此事攸關民生大計得急速推行（不然「往來井井。汔至，亦未繘井，凶」）；並且還有細節指引（如「井谷射鮒，甕敝漏」／「井甃」／「井冽，寒泉，食」等）和經驗傳習（如「井泥不食，舊井无禽」／「井渫不食，為我心惻」／「井收勿幕，有孚元吉」等）等，幾乎是面面俱到。由於靈隊所給的訊息已經排除了凶險疑慮，所以再有儘多留言的對當事人來說都是鼓舞（即使是反面誡告也可以把它轉

成正面激勵），可見筮占能給人安心
和信心的一斑。

革

䷰革，巳日乃孚，元亨利貞，悔亡。
　〔注釋：革，變更（改易服制）。巳，
同祀。意謂改易服制得取信於天
神，所以在祭祀日舉行最恰當。〕
初九，鞏用黃牛之革。
　〔注釋：鞏，堅固（耐用）。意謂服
飾想要堅固耐用就以黃牛皮作材
料。〕
六二，巳日乃革之，征吉，无咎。
　〔注釋：乃，然後。征吉，依此而
進行易服則能獲得福祉。〕
九三，征凶，貞厲。革言三就，有孚。
　〔注釋：征凶，易服期間不宜外出
從事他務，否則會有凶險。言，云
（說）。三就，三重或三匝，比喻多。
後二句意謂相關說辭多講幾遍，才
能取信於人（易服事也可水到渠成）
。〕
九四，悔亡，有孚，改命吉。

〔注釋：改命，易服。〕

九五，大人虎變，未占有孚。

〔注釋：虎變，虎紋（服飾）。全文意謂天子以虎紋為飾，乃理所當然，不必筮占（卜占）就能見信於人。〕

上六，君子豹變，小人革面。征凶，居，貞吉。

〔注釋：革面，以其他獸紋為飾。全文意謂公卿大夫以豹紋為飾，百姓以其他獸紋為飾。服飾已定，則不容更改（不安於此制會有凶險；安於此制則能獲得福祉）。〕

繹理：此卦在問改易服制事，命筮者為天子。改易服制跟政權更迭有關，事屬「非常之舉」，到底可不可行，以及如果可行又得在那時候開始實施和採用什麼樣的服飾等，問題重重，有待筮占來拆解謎團。占筮者所轉告靈示此事可行（吉／无咎／悔亡），而且還明告以祭祀日為政策宣布最佳時機。至於服飾，則建議以「大人虎變／君子豹變／小人革

面」為準的（既有區隔作用又能相契各自身分）。此外，另有「鞏用黃牛之革」或「革言三就」一類啟導，乃屬加碼奉送，擇人自便。即使如此，筮占所給出易服略無障礙的答案，已足以讓當事人大呼一口氣，從而證實它的無比可聽從性。

鼎

☲ 鼎，元吉，亨。
〔注釋：鼎，烹飪器（三足二耳）。〕
初六，鼎顛趾，利出否。得妾，以其子，无咎。
〔注釋：顛，倒。趾，同止。否，不（不用的穢物）。妾，女御。以，用。全文意謂饋食前得有佣人清理鼎內穢物，以便烹飪；此時倘若人力不足則難以為功，如果能得女御偕子則事可成而無過失。〕
九二，鼎有實，我仇有疾，不我能即，吉。
〔注釋：鼎有實，物在鼎中。仇，匹。疾，病。即，就。後三句意謂

我的配偶本要來相助，因為生病不
克成行；幸好她沒來，否則因疾僨
事就不妙了。〕

九三，鼎耳革，其行塞，雉膏不食。
方雨虧，悔。終吉。

〔注釋：革，皮革。塞，窒。膏，
脂。虧，損。全文意謂鼎耳貫以皮
革，雖然柔韌卻難固鼎，必窒塞於
途，縱有雉膏美味也不得為主人所
食；如果再遇到四方雨來以致雉膏
虧損，那就會有悔失。但倘若知所
防備，恆以饋食為念，最後還是能
獲得祥祉。〕

九四，鼎折足，覆公餗，其形渥，凶。

〔注釋：折，斷。餗，音ㄙㄨ，鼎中
菜。形渥，同刑剭，重刑。全文意
謂如果取鼎不慎致使鼎足彎折變
形，那就會翻覆饋食主人的菜餚而
遭刑罰，凶險難免。〕

六五，鼎黃耳，金鉉，利貞。

〔注釋：黃耳，金耳。鉉，音ㄒㄩㄢˋ，
舉鼎物。〕

上九，鼎玉鉉，大吉，无不利。

〔注釋：玉鉉，以玉石為鉉（美飾）。〕

繹理：此卦在問饋食事，命筮者為膳
　　　夫（負責膳食的大夫）之類。膳夫
　　　初主宮庭饋食，擔心有所閃失被責
　　　備，於是問筮以決疑（因為饋食主
　　　要靠鼎來烹飪，所以舉以為說並名
　　　卦）。占筮者所轉告靈示此事可放手
　　　去做（但也得祭享天神以求保佑）；
　　　至於有一些相關成敗的情事（如各
　　　爻辭所示），也都模擬了給予啟導或
　　　誡告，可謂不負靈隊該有的守護職
　　　責。足見筮占在為人決疑上，靈驗
　　　可期而誠心可鑒。

震

☳ 震，亨。震來虩虩，笑言啞啞，震
　驚百里，不喪匕鬯。
　〔注釋：震，雷震（疾雷）。虩虩，
　音 ㄒㄧˋㄒㄧˋ，同愬愬，恐懼。啞啞，笑
　聲。喪，失。匕，橈鼎器。鬯，香
　酒。末句意謂不要吝惜匕鬯以為禱
　神止震。〕
初九，震來虩虩，後笑言啞啞，吉。

〔注釋：後，雷震響後。〕

六二，震來，厲。億喪貝，躋于九陵。勿逐，七日得。

〔注釋：億，同噫，嘆辭。此句意謂不要吝惜貝物藉以求雷震停止。躋，登。九陵，高陵。勿逐，毋須求雷震不作。七日得，七日後雷震自會停止。〕

六三，震蘇蘇，震行无眚。

〔注釋：蘇蘇，復作。震行无眚，意謂雷震縱是蘇蘇然復作，但聲勢未烈不害於事。〕

九四，震遂泥。

〔注釋：遂，同墜，落。泥，地。〕

六五，震往來，厲。億无喪有事。

〔注釋：往來，往來而作。億无喪有事，不要有行動。〕

上六，震索索，視矍矍，征凶。震不于其躬于其鄰，无咎。婚媾有言。

〔注釋：索索，散盡。矍矍，視遽（倉皇而視）。躬，身。有言，有言語傷害（被咎責）。全文意謂雷震已止，驚懼未消，倉促行動必有凶險；倘若雷震僅在鄰處施作，那對自己

就沒妨礙，只是此刻如果想去求婚媾會給人家觸霉頭而遭到對方的咎責。〕

繹理：此卦在問雷震事，命筮者不定誰屬。突然一陣響雷且持續不斷，未明所以（恐是凶兆），求筮一問或可釋疑。占筮者所轉告靈示此事凶多吉少（才要當事人因應以「亨」／「不喪匕鬯」／「億喪貝」／「億无喪有事」等）；並且誡告以這段期間最好不要有違常行動（靈隊當已知道發生雷震不為無意），避免觸晦遭殃。筮占所見如此超常（雖然未能或不便詳揭內幕），不啻可給求助者一特大安慰劑。

艮

☶ 艮其背，不獲其身；行其庭，不見其人，无咎。

〔注釋：（按：「艮其背」一語，看似增文，實為省辭／省去艮字。此處得先出艮字為說）艮，音ㄍㄣˋ，堅

（健身）。全文意謂健背（最難防處）則他人不易偷襲；行走宮中不見衰相則無人覬覦為害，可以無殃災。〕

初六，艮其趾，无咎。利永貞。

〔注釋：趾，腳趾。〕

六二，艮其腓，不拯其隨，其心不快。

〔注釋：腓，小腿肚。拯，承。隨，逐。快，喜。後二句意謂強身尚未盡備（僅到腿部而已），不可據以為逐物，也不能引以為喜。〕

九三，艮其限，列其夤，厲薰心。

〔注釋：限，腰。列，除去。夤，腰際贅肉。厲，堅守己志。薰心，妄動。末句意謂強身是為了祛疾防危，不宜據以妄動。〕

六四，艮其身，无咎。

〔注釋：身，上半身。〕

六五，艮其輔，言有序，悔亡。

〔注釋：輔，上頜（臉頰）。序，倫序，意謂方便說話。〕

上九，敦艮，吉。

〔注釋：敦，厚。〕

繹理：此卦在問健身事，命筮者不定
誰屬。初次知道健身重要，卻不曉
得如何鍛鍊，所以有此一問。占筮
者所轉告靈示但以「不拯其隨，其
心不快」／「屬薰心」等為戒；此
外，所啟導要「艮其背」／「艮其
趾」／「艮其腓」／「艮其限」／
「艮其身」／「艮其輔」等，則盡
屬隨機敷布（否則就沒話可講），不
為實效。縱然如此，筮占也因已有
示警（誡告當事人別誤入歧途），馴
致它的洞見高明（靈隊大概知道對
方有浮躁習性才會特出相關誡告）
足以留予人感念耽思。

漸

䷴ 漸，女歸，吉，利貞。
〔注釋：漸，進。女歸，嫁女。〕
初六，鴻漸于干，小子厲，有言，无
咎。
〔注釋：鴻，黃鵠。干，水湄。小
子，侯王女。〕
六二，鴻漸于磐，飲食衍衍，吉。

〔注釋：磐，磐石。衎衎，音ㄎㄢ ㄎㄢ，有餘。〕

九三，鴻漸于陸，夫征不復，婦孕不育，凶。利禦寇。

〔注釋：陸，高平地。後四句意謂倘若為夫者往他方而不返，為婦者也養子而不教，則有凶險。利禦寇，宜跟夫順相保以禦寇亂。〕

六四，鴻漸于木，或得其桷，无咎。

〔注釋：桷，音ㄐㄩㄝ，屋椽。意謂勤覓或可獲似椽平柯（鴻趾相連無法握枝，得找平柯才能暫棲）。〕

九五，鴻漸于陵，婦三歲不孕，終莫之勝，吉。

〔注釋：陵，山陵。三歲，比喻久時。後三句意謂婦如果久不孕，不必急求，安心以待，必能如願而得祥祉。〕

上九，鴻漸于陸，其羽可用為儀，吉。

〔注釋：陸，同阿，山阿。儀，冠飾或旌飾。〕

繹理：此卦在問嫁女事，命筮者為侯王之類。嫁女得快或慢（考慮對方

的合適度），拿不定主意，求筮一問。占筮者所轉告靈示此事要多加衡量而採漸進策略為佳（因此以漸名卦），並以鴻鳥求棲有所待為喻（從「干→磐→陸→木→陵→阿」一路斟酌找棲處）；而對於所可能遇到的相應狀況（如「有言」／「利禦寇」／「終莫之勝」等），也都以那是過場而不致有害相諭。由於有一個「吉」定調，所以當事人心中石頭大可落下（不必再為成行與否猶豫不決），從而證實筮占可被求助的義高神聖性。

歸妹

䷵歸妹，征凶，无攸利。

〔注釋：歸妹。娶妻。後二句意謂現在就前往娶妻，有凶險，沒好處。〕

初九，歸妹以娣，跛能履，征吉。

〔注釋：以，用。娣，女弟。跛，

塞。全文意謂娶妻用女弟為媒妁，不怕中途受阻；抱此心志，則無往而不利。〕

九二，眇能視，利幽人之貞。

〔注釋：眇，微眇。前句意謂雖然前路黝暗不明，但仍不廢看視（猶如跛能履）。幽，隱。後句意謂宜（一併）卜問當個隱志者如何。〕

六三，歸妹以須，反歸以娣。

〔注釋：須，同嬬，媵妾。全文意謂此時當置媵妾而用女弟往為媒介以遂事。〕

九四，歸妹愆期，遲歸有時。

〔注釋：愆，過。全文意謂婚嫁逾期實非己誤，所以遲歸乃因還在等待時機。〕

六五，帝乙歸妹，其君之袂不如其娣之袂良。月幾望，吉。

〔注釋：袂，衣袖（所以為禮容處）。良，善。全文意謂猶如帝乙娶妻時連衣袖都沒女弟的好看，但也未嘗減低他的高貴。倘若能仿效，那德必如近望月為人所仰視。〕

上六，女承筐无實，士刲羊无血，无

攸利。

〔注釋：筐，飯器。實，獻贄。刲，音丂ㄨㄟ，刺。血，歃血為盟。全文意謂既無獻贄禮又沒歃血盟，此婚嫁如何可成，宜無所利。〕

繹理：此卦在問娶妻事，命筮者為侯王之類。諸侯聯姻還在狐疑不定間，問筮看看可有計策。占筮者所轉告靈示先直斷以「征凶，无攸利」（障礙多），而後啟導以可能的補救措施（包括「歸妹以娣，跛能履」／「眇能視」／「歸妹以須，反歸以娣」等）。此外，又例舉數則權為解惑（如「歸妹愆期，遲歸有時」／「帝乙歸妹，其君之袂不如其娣之袂良。月幾望，吉」／「女承筐无實，士刲羊无血，无攸利」等）。這不啻展現了筮占所能全然窮揭前限和規諫後力的本事，當事人聽後應該儘可深凜而受用不盡。

豐

䷶ 豐，亨。王假之，勿憂，宜日中。

〔注釋：豐，盛大（華屋）。假，至
（來視察）。宜日中，宜於日中往
迎。〕

初九，遇其配主，雖旬无咎，往有尚。

〔注釋：配，匹配。旬，十日。尚，
庶幾。全文意謂如果能遇見舊配主
（此問筮者可能是降臣）以通達於
天子（新配主），縱使需要等上十天
也不會有過失。〕

六二，豐其蔀，日中見斗，往得疑疾。
有孚發若，吉。

〔注釋：蔀，音ㄆㄨ，蔽席（遮陽物
品）。斗，斟水器。發，起。若，語
辭（無義）。全文意謂盛大修繕蔽
席，猶如日中看見有人持斗斟水而
飲，想前往探個究竟又恐被責怪有
疑心病，只好保持常態以信實讓他
感受，則可獲得祥祉（換句話說，
「豐其蔀」做就是了，不必張揚；
因為沒有怕人不知道，所以也就不
會引來無謂的麻煩）。〕

九三，豐其沛，日中見沫，折其右肱，
无咎。

〔注釋：沛，同旆，幡幔（遮陽物品）。沬，以水洒面。折，曲。肱，臂。全文意謂盛大修繕幡幔，猶如日中看見有人用水洗臉消暑，當曲臂幫他一把，則可無過失（換句話說，「豐其沛」已經是加碼在做了，那就主動讓人窺知品味也無妨）。〕

九四，豐其蔀，日中見斗，遇其夷主，吉。

〔注釋：夷主，故主。全文意謂「豐其蔀，日中見斗」那件事，倘若遇到的是故主（舊配主），那就更好了（對方勢必會有一番嘉美。〕

六五，來章，有慶譽，吉。

〔注釋：來章，含明。慶，慶賀。譽，讚譽。全文意謂宜含明自處，伺機而動，自有他人來慶賀讚譽而獲得祥祉。〕

上六，豐其屋，蔀其家，闚其戶，闃其无人，三歲不覿，凶。

〔注釋：蔀，覆蔽。闚，小視。闃，靜或空。覿，見。三歲，比喻久時。後二句意謂倘若自藏過深而不見知

於人，如同白費，那就有凶險了（別人會懷疑你正在陰謀生事）。〕

繹理：此卦在問盛大修繕（華屋）事，命筮者為大夫之類。想要盛大修繕以為華美家屋，卻不知此舉是否妥當，求筮給個意見。占筮者所轉告靈示先提醒以天子一定會來察看（免得你陰搞觸諱）要有心理準備（如「王假之，勿憂，宜日中」／「遇其配主，雖旬无咎，往有尚」等），而後代為設項啟導以應有作法（如其餘各爻辭所示）。基本上，豐屋蔀家這件事靈隊是看好的（祂們大概知道沒有什麼阻力存在）。當事人得此訊息理當會慶幸深得助力而逕直採取行動，從而證實筮占能予人究極紓困的特大作用。

旅

䷄ 旅，小亨，旅，貞吉。
〔注釋：旅，羈旅。小亨，供少牢禮（羊犬豕）以祭享。〕

初六，旅瑣瑣，斯其所取災。

〔注釋：瑣瑣，細小或疲弊。全文意謂羈旅在外時如果瑣瑣然而小心志，那必定會自取災禍。〕

六二，旅即次，懷其資，得童僕，貞。

〔注釋：次，舍。懷，裏。資，貨。全文意謂要及時就舍以定心，並且將所懷裏的資貨散給童僕而得以侍己，（一併）卜問看看。〕

九三，旅焚其次，喪其童僕，貞厲。

〔注釋：全文意謂必要時也不妨把旅舍放棄不用，並且將童僕遣散，（一併）卜問得固守己志。〕

九四，旅于處，得其資斧，我心不快。

〔注釋：處，居處。資斧，天子所賜斧鉞。全文意謂還在居處（未達京師）僅得賜物而未及譽命（所想望的恢復職位），心有所不快。〕

六五，射雉，一矢亡，終以譽命。

〔注釋：譽，稱。全文意謂此時空無一物可據以達上，猶如想要射雉卻無一矢；但只要求進意志未泯，最終還是會獲得天子稱譽而重命以官。〕

上九，鳥焚其巢，旅人先笑後號咷，
喪牛于易，凶。

〔注釋：易，同場，疆界。全文意
謂譽命來到而馳往京師，猶如鳥棄
巢而高飛；此刻雖然極為欣喜，但
為了表示過往的委屈還是得斂容而
轉為號嗷。同時要找到可以輔助自
己的人來幫襯；否則一如亡失牛於
疆場，無以聞名，終將會有凶險。〕

繹理：此卦在問羈旅事，命筮者為大
夫之類。被罷官而羈旅在外，此事
終將如何，求筮問個明白。占筮者
所轉告靈示先以「貞吉」／「終以
譽命」等相慰藉，而後代為模擬此
中所可能面臨的狀況（如各爻辭所
示），可說是極盡回應所請的能事，
當事人無妨就此卸下心理的擔負。

巽

䷸ 巽，小亨，利有攸往，利見大人。
〔注釋：巽，音ㄒㄩㄣˋ，順服。〕
初六，進退，利武人之貞。

〔注釋：進退，意謂順服顯現在應
對進退的節度。〕

九二，巽在牀下，用史巫紛若，吉，
无咎。

〔注釋：牀下，表隱伏狀態。史，
祝史。巫，巫覡。紛，繁多。若，
語辭（無義）。意謂把史巫都找來靈
問詳情。〕

九三，頻巽，吝。

〔注釋：頻，同顛，倒。〕

六四，悔亡，田獲三品。

〔注釋：三品，三種（猶如三狐）。
比喻順服會像田獵獲物那樣有好
處可得。〕

九五，貞吉，悔亡，无不利，无初有
終。先庚三日，後庚三日。

〔注釋：先庚三日，丁日。後庚三
日，癸日。意謂有終一事將在丁日
或癸日發生。〕

上九，巽在牀下，喪其資斧，貞凶。

〔注釋：喪其資斧，未得所賜物。〕

繹理：此卦在問順服事，命筮者為武
人（將領）之類。新王登基，要不

要表態順服（儘向他效忠）？心有疑慮，求筮一問。占筮者所轉告靈示是「要」（「利有攸往，利見大人」），畢竟此事有如「田獲三品」且「无初有終」；否則一旦反向「頻巽」而「喪其資斧」，那就有悔失凶險一起降臨了。當事人可能對新王不大服氣，但還在職位上既是有隸屬關係那就不宜徒生二心，以免反過來對自己不利；如今得此誡告，理應知所當行，從而證實筮占在關鍵時刻特能提住人心的超常功效。

兌

䷹兌，亨，利貞。
　〔注釋：兌，同說，音ㄩㄝ，談判。〕
初九，和兌，吉。
　〔注釋：和，和悅以對。〕
九二，孚兌，吉，悔亡。
　〔注釋：孚，以信實相待。〕
六三，來兌，凶。
　〔注釋：來，勉強而來。〕
九四，商兌未寧，介疾有喜。

〔注釋：商，章度（從外知內）。寧，安。介，堅。全文意謂章度敵人來談判有所未安，則當堅守己志想袪疾始能得喜。〕

九五，孚于剝，有厲。

〔注釋：剝，繫（要挾）。全文意謂宜堅守己志，不為對方所要挾（擊垮）。〕

上六，引兌。

〔注釋：引，長。〕

繹理：此卦在問談判事，命筮者為侯王之類。敵人來談判求和，接不接受，問筮求解答。占筮者所轉告靈示此事不簡單（所以啟導以要「亨，利貞」求祐助），得有耗時周旋（「引兌」）的心理準備。至於另有「和兌」／「孚兌」／「來兌」／「商兌未寧，介疾有喜」／「孚于剝，有厲」等戒惕，則是必要提供對策給參鏡以完滿一個筮占的流程，這就毋須多贅了。縱使如此，筮占所斷定的不可樂觀一節（靈隊大概知道對方難纏），對當事人來說有如吃了一顆

定心丸而將在應變上起最大的衡鑒效果，因此也證驗了筮占的高格無比。

渙

䷸ 渙，亨。王假有廟，利涉大川，利貞。

〔注釋：渙，同煥，美盛。〕

初六，用拯馬壯，吉。

〔注釋：拯，承。〕

九二，渙奔其机，悔亡。

〔注釋：奔，同賁，飾。机，几。〕

六三，渙其躬，无悔。

〔注釋：躬，身。〕

六四，渙其羣，元吉。渙有丘，匪夷所思。

〔注釋：羣，羣眾（參與祭祀者）。丘，丘園。夷，夷方。後二句意謂美飾丘園也是為了禮（非據以炫耀於人），此乃不是夷方鄙陋的人所可思及。〕

九五，渙汗其大號。渙王居，无咎。

〔注釋：汗，身液。號，號嘑。王

居，天子居所。〕

上九，渙其血去逖出，无咎。

〔注釋：血，同恤，憂。逖，同惕，
懼。〕

繹理：此卦在問美盛禮容事，命筮者
為天子。祭祖的禮容要給它美飾一
番（排場壯觀一點），可行嗎？問筮
看看。占筮者所轉告靈示此事可以
試試（「利涉大川」），但也得先祭享
天神求福祐（「亨」）和一併卜問倖
有他神來相助（「利貞」）。此外，則
是多方啟導美飾的方向（如各爻辭
所示）。相關計慮堪稱是「但見其密
而不見其疏」，可允為典範。當事人
得此訊息，凜受了神靈所給的保障
（盡現於占辭中），自當滿心雀躍而
大膽去執行美飾的計畫。

節

䷜ 節，亨。苦節不可，貞。

〔注釋：節，節制。苦，急。〕

初九，不出戶庭，无咎。

〔注釋：戶，內門。〕

九二，不出門庭，凶。

〔注釋：門，外門。〕

六三，不節若，則嗟若，无咎。

〔注釋：若，語辭（無義）。〕

六四，安節，亨。

〔注釋：安，靜。〕

九五，甘節，吉，往有尚。

〔注釋：甘，不急。尚，庶幾。〕

上六，苦節，貞凶，悔亡。

〔注釋：全文意謂急於節制，（一併）卜問有凶險，但整體上沒有悔失。〕

繹理：此卦在問節制（減少開銷或用度）事，命筮者不定誰屬。開銷太大或用度過多恐有不測，問筮是否該節制了。占筮者所轉告靈示先以「苦節不可」相告誡（靈隊大概知道內裏有難以節制的苦衷），而後再變換說辭曉諭以不可苦節的道理（如各爻辭所示）。由於耗費或鋪張一事（自有內需）所牽涉的層面甚廣且由來已久，當事人才有節制的構想（沒有配套措施）就要付諸實

踐，這一旦成真很可能會弄巧成拙而更為壞事，以致那一從長計議或漸進調整的誡告（不可苦節的正面說法），也就格外中聽而無異許了當事人一顆美美的心靈（他只要不急躁僨事，就有崇高的人格被仰望讚嘆）。可見筮占的知機徹理，遠非視野受限的凡眾所能企及。

中孚

☲ 中孚，豚魚，吉。利涉大川，利貞。
〔注釋：中孚，內有信實。豚魚，河豚（躁動物）。前三句意謂以誠信撫慰有如河豚般躁動的軍心，始能獲得祥祉。〕

初九，虞吉，有它不燕。
〔注釋：虞，娛樂。它，蛇，比喻搗蛋者。燕，安。〕

九二，鶴鳴在陰，其子和之。我有好爵，吾與爾靡之。
〔注釋：陰，同皐，澤。好，美。爵，溫酒器。爾，你，代大家。靡，散，表共飲。〕

六三，得敵，或鼓或罷，或泣或歌。

〔注釋：得敵，遇敵來犯。〕

六四，月幾望，馬匹亡，无咎。

〔注釋：全文意謂只要有如近望月可瞻仰，即使沒有馬匹能騎以迎戰，也不會有過失。〕

九五，有孚攣如，无咎。

〔注釋：攣，繫。如，語辭（無義）。〕

上九，翰音登于天，貞凶。

〔注釋：翰，天雞。全文意謂有雞鳴聲聞於天（比喻有人帶頭鬧事），（一併）卜問不妙。〕

繹理：此卦在問服眾事，命筮者為武人之類。武人初任將領，威望不足，難以服眾而謠言四起，大為影響士氣，求筮一問可有安定軍心的解方。占筮者所轉告靈示啟導以只有「中孚」才能擄獲軍心（並以此名卦）；再來就是「有樂共享／有苦同擔」那一標準配備，並且得留意少數會起鬨的殊異分子而設法收服他們（各爻辭所講的就這兩件事）。筮占所出「吉／利涉大川」律則已經給

了當事人十足的信心，隨著再添一些屬衍增性的啟導（如上所述）諒必還會有味後餘甘，可知它特能指點迷津外加溫暖人心。

小過

䷽小過，亨，利貞。可小事，不可大事。飛鳥遺之音，不宜上，宜下，大吉。

〔注釋：小過，小遭遇（不雨）。遺，墜。上，上待於天。下，向下鑿穴（以覓泉源）。〕

初六，飛鳥以凶。

〔注釋：全文意謂倘若像飛鳥漫無目的找水澤，那就會自致凶險（應定點挖井覓水而不苦待天雨）。〕

六二，過其祖，遇其妣，不及其君，遇其臣，无咎。

〔注釋：過，遇。祖，父。妣，母。君，天子。後三句意謂想求助天子紓困恐怕難以如願，但能找到朝中大臣請他幫忙力諫或許還有點希望。〕

九三，弗過防之，從或戕之，凶。

〔注釋：防，堤防。戕，殘壞。〕

九四，无咎，弗過遇之，往厲必戒，
勿用，永貞。

〔注釋：必戒，要蓄水以備不時之
需。〕

六五，密雲不雨，自我西郊，公弋取
彼在穴。

〔注釋：弋，取。末句意謂侯王要
趕快派人鑿井找水。〕

上六，弗遇過之，飛鳥離之，凶，是
謂災眚。

〔注釋：離之，離去（不肯留在此
地）。〕

繹理：此卦在問乾旱事，命筮者為侯
王之類。老天不下雨怎麼辦？問筮
看看那是在懲罰誰。占筮者所轉告
靈示僅當它是「小過」（並以此名卦）
而曉諭以不必太過緊張：能求的便
去求（「亨，利貞」／「不及其君，
遇其臣」），該忌諱的就別強犯（「不
可大事」／「不可上」／「弗過防
之，從或戕之」），然後力盡人事（「往

屬必戒」／「公弋取彼在穴」）而靜
聽天命（「吉」／「凶」由它）。這
看似沒針對當事人心中的疑惑而
發，不免留有些許遺憾。但又不然！
靈示在曉諭當事人要祭享以求天神
福祐時就已隱含了「不雨本身正是
在懲罰你有虧德政」一義（只欠沒
點明而已），對方如果夠聰明就不該
再有什麼追問的行動，而讓整個筮
占圓滿走完它實能為人牽曳舟渡的
流程。

既濟

䷾ 既濟，亨，小利。貞，初吉終亂。
〔注釋：既濟，已渡（行師已渡
川）。〕

初九，曳其輪，濡其尾，无咎。
〔注釋：曳，牽引。尾，系尾（蔽
後飾）。〕

六二，婦喪其茀，勿逐，七日得。
〔注釋：婦，隨從婦女。茀，音ㄈㄨˊ，
車蔽。〕

九三，高宗伐鬼方，三年克之，小人

勿用。

〔注釋：高宗，殷王武丁。小人，
鬼方百姓（難纏）。〕

六四，繻有衣袽，終日戒。

〔注釋：繻，同襦，音ㄖㄨ，短衣。
袽，音ㄖㄨ，敝衣（破敗）。〕

九五，東鄰殺牛，不如西鄰之禴祭，
實受其福。

〔注釋：東鄰，指殷。牛，大牲（以
示盛祭）。西鄰，指周。禴祭，宗廟
薄祭。〕

上六，濡其首，厲。

〔注釋：首，車前蔽。〕

繹理：此卦在問行師已渡川事，命筮
者為天子（時還位列侯王）。出師伐
殷，全軍已經渡川，前景吉凶不定，
問筮看看如何。占筮者所轉告靈示
只有「小利」，而一併卜問所得乃要
當事人豫為防患以免「初吉終亂」。
雖然此次征伐不會太順利（靈隊才
會模擬「曳其輪，濡其尾」／「婦
喪其茀」／「繻有衣袽」／「濡其
首」等狀況而多方給予曉諭），不全

程「屬」／「終日戒」恐怕凶險會接踵而來。至於另有「高宗伐鬼方，三年克之」／「東鄰殺牛，不如西鄰之禴祭，實受其福」一類取譬，那也不過是為了激勵當事人所兼為採行的，不必認定此次征伐絕對能克敵而實受其福。正緣於筮占能把詳情告知對方，所以它的可依恃該一至上地位也將被人一再的傳誦。

未濟

䷿ 未濟，亨。小狐汔濟，濡其尾，无所利。

〔注釋：未濟，未渡（行師未渡川）。汔，水涸。後三句意謂師渡川得等水涸如小狐那樣（小狐沒等水涸不會渡河），今尚未渡川就已濕了車的系尾，表示水還有點深，不宜貿然前進（沒有一點好處）。〕

初六，濡其尾，吝。

〔注釋：吝，貿然前進必有悔失。〕

九二，曳其輪，貞吉。

〔注釋：曳其輪，曳引車輿以等待

時機。〕

六三，未濟，征凶，利涉大川。

〔注釋：後二句意謂雖然險難在前，但征伐勢不能免還是要勇於一試。〕

九四，貞吉，悔亡。震用伐鬼方，三年有賞于大國。

〔注釋：震，雷，比喻攻戰如雷威猛而迅疾（特指殷高宗事）。賞，受賞，比喻戰事獲勝。〕

六五，貞吉，无悔。君子之光有孚，吉。

〔注釋：君子，周王所屬公卿大夫。光，明。後二句意謂隨從的公卿大夫如能信實明著而不起內鬨，將來必能獲得祥祉。〕

上九，有孚于飲酒，无咎。濡其首，有孚失是。

〔注釋：是，直（正視）。全文意謂師未渡川前，稍行宴樂無妨；但倘若是喝到爛醉如泥（使酒淋首），那縱使有信實為繫也將喪失鬥志而無法正見了。〕

繹理：此卦跟既濟卦相連，筮問在師未渡川前進行。占筮者所轉告靈示除了啟導以理該注意的事項（像借鏡「小狐汔濟」／「曳其輪」／「君子之光有孚」等），此外就儘多相關戒條的惕勵（包括「濡其尾，吝」／「震用伐鬼方，三年（才）有賞于大國」／「（飲酒）濡其首，有孚失是」等）。由於靈隊僅以一個「亨」字相示（祭享天神以求福祐），當事人理應要意料此次征伐紅利不多，所以接下來的行動一定會更加小心謹慎，從而證實了筮占在先知或預見功能上的卓偉可佩。

三、白話詩證《周易》

解密《周易》改以通行的語言說實（不再像前人那樣多出以同款的文言形式），如果有相關的白話詩作搭配，讓文學性擔起調節或緩和論說較為嚴肅單調的功能，未嘗不能在彼此對照互映中平添一份趣味。因此，這裏我就把舊著〈周易五行〉系列詩作移來充當，權為印證《周易》的意蘊

神態（只是略有更動而不全然呼應卦意）。

　　還有當年〈周易五行〉隨詩集《又有詩》出版時，我於序文中有一小段創作表白，姑且也轉錄至此，以見長年愛易研易的一點心跡：「當中卷五〈周易五行〉是最後寫的，為的是先圓二十年前的一個夢。那時我已經花了整整一年時間草就一部《周易新詮》，卻因為讀研究所興趣轉向而沒有再去理它。家父生前特別期望這本書能夠出版，不意一拖延就不知何時才有閑情把它找出來整修條陳並設法梓行。現在我僅憑局部記憶以新詩體將它的『精髓』呈現，意象、旋律和節奏等或許稍嫌質直而不夠講究，但自信《周易》占筮的『神韻』應該都捕捉到了。也就是說，占筮是《周易》的原始狀態，卻被好事者玄理化，導致『傳』來『傳』去讓人益發不可理解；而我試為揣摩當時問筮占斷決疑的情景，目的不在『還原真相』而在『提供想像』。」
74

乾

　　乾旱了地方官正發愁

羣龍爭著竄出水面忘記要降雨
城裏國君還是躲在寢宮裝作沒看見
派誰去報信好呢
巫師說直接祭天求神比較快

坤

要遠行得選一匹好馬
前面有狀況牠都會警告你
公家的差事不好找
牢記鋒芒別太露
不然就等著看刀光劍影往你身上飛來

屯

這門婚事不怎麼樂觀
多考慮幾天總是比較保險
聘禮太少問老天爺也沒有用
此去雖然吉多凶少
但代價可能是要多掉幾滴被虧的眼淚

蒙

啟蒙教育是吧

準備多一點藤條就是了
告訴他幾大籮筐成家立業的道理
不如困住他鞭打他
直到他懂得抓小偷為止

需

等待救援有譜了
去郊外守著
或者到沙灘觀望別急著吵架
附近的盜匪會乘機打劫
看見不速之客你就有酒食可享用了

訟

跟人打求職官司喲
賄賂看來會比鬥狠有效
但不能常幹這種事容易穿幫
萬一輸了
回家吃老本總勝過被錄用馬上又遭罷
黜

師

出兵打仗
紀律第一不能有人脫隊
偶爾死了幾個載回去就是了
攻不進就後退逮到間諜就拷問
論功行賞的時候小人沒份

比

求親暱總有對手來干擾
取信於對方最切要
猶豫不決準會錯失良機
如果看人看走了眼
要去就隨她去吧

小畜

小種植要多拜神求庇佑
否則沒收成當心夫妻時常拌嘴
倘若足夠自己吃了
別吝嗇分點給左鄰右舍
他們就不必三天兩天來偷一次

履

國君像老虎
他的尾巴沒得讓你隨便踩
踩了你就倒大霉
假如真的不能不踩
也要先撫摸兼膜拜一番

泰

娶妹子
呼朋引伴越熱鬧越好
路遠不必苛求衛生走中道就行
坎坷艱困是一定有的
只要別嫁不成跑回來那就慘了

否

交友不慎栽了
只看你是否有大肚要包容他
同儕都在等你一個動作
記住腳跟要站穩
否極就會泰來

同人

夥伴幹一樁大事是麼
試試帶去強渡長河考驗他們
如果他們有黨羽可能就會壞事
攻城不克還是繼續攻
一旦哀號過了聽到笑聲就可以到郊外
　慶功

大有

穀物豐收了
先別驕傲大車載回家要緊
獻一點給天子免得小人講閑話礙事
逢人謙沖且誠信以對
老天就會保佑你年年有今日

謙

征伐別的國家呵
就看你謙卑到什麼程度了
他們服你可以去
不靠凱子外交而能得到鄰國相助
更可以去

豫

要 出 征 去 建 立 侯 國
準 備 充 分 一 點 便 是 了
志 節 不 能 跟 石 頭 相 比 的 就 等 著 後 悔
有 人 要 襄 助 得 先 信 任 他
預 防 變 數 發 生 以 免 措 手 不 及

隨

抓 逃 犯 哪
官 箴 已 經 敗 壞 了 得 先 亡 羊 補 牢
如 今 只 好 逮 回 一 個 算 一 個
還 在 逃 的 就 靠 布 信 於 人 幫 忙 抓 回 來
事 成 後 國 君 要 去 西 山 祭 神 謝 罪

蠱

父 母 中 了 蠱 毒 怎 麼 辦
搶 時 間 救 治 呀
這 種 小 事 不 必 張 揚 問 卜
你 夠 孝 順 且 能 虛 心 請 教 高 人 就 行 了
以 後 別 再 爭 著 出 頭 讓 人 有 機 會 拿 你 的
　　至 親 開 刀

臨

威臨百姓這件事得相中時機
過了八月天氣變冷對方不會太熱情
想一些可以感動人的臺詞
站出來要像個有滿腦袋的智慧
最後再給人敦厚的印象就萬事 OK 了

觀

相術啊有學問
把下民都當成童稚一般你會後悔
偷窺讓女人討厭是很羞恥的
返觀自己就在進退應對見真章
國家隆不隆盛看國君是否善待慕名而
　來的賓客

噬嗑

吃到異物也要問啊
就像走路傷了小趾不礙事的
啃臘肉卡住鼻子就把它拖出來
遇毒吐掉遇黃金放口袋

如果不張大耳朵聽聽誰要害你代誌就
　大條了

賁

裝飾房子要娶親了
車子先把它整治好待命
其他有需要的才一併鳩工修繕
一切看起來都得有喜氣
剩下的就是當心別娶到心上人而她爹
　是仇敵就好了

剝

床連續剝落不太妙
傷到腳不去問神恐怕凶事會接著來
什麼還刮壞皮肉那你慘了
先前失寵的宮人要從新善待她
不然連房子可能都會被拆了

復

那時候撤軍好呢
從現在起第七天是最佳時機

動作優雅一點太急忙了會被笑
部隊切記要他們抬頭挺胸走路中間
別迷失十年後再想辦法攻下對方也不
遲

无妄

為什麼會遭受無妄之災
納悶有道理但得問神才知道
就像田地沒播種稻子自己長出來卻不
會讓你致富
還有牛綁在樹幹轉眼就被人牽走
突然得病正要吃藥卻好了

大畜

大養牲畜哦沒問題
市場還沒飽和可以去試試
中途會有小挫折像車拋錨但不要緊
犢牛怕牠亂性牴觸人把牠的雙角加牿
包好
豶豬長獠牙就讓它長呀這有什麼困難

頤

問養身嗎
吃飽就是了
自己不進食光看別人咀嚼很危險
顛倒飲食違逆或眼睛大過肚子
那就有得受了

大過

棟樑兩頭弱會出事
蓋蓋茅草就好
枯楊長葉老夫得女算是意外
有蛇來訪不可能大吉
枯楊開花老婦娶夫不好不壞

習坎

修坑呀
當然有凶險
但不進去又怎能挖到可用處呢
一杯酒兩碗菜簡樸一點
想吃好不想陷太深會出狀況

離

離開這裏出征去
先祭天告訴神明求保佑
行軍前唱唱歌安慰征夫在家的老爹老
　娘
遇到突如其來的埋伏別盡是哭要記得
　反擊
國君倘若能身先士卒一定可以多擄獲
　一些強敵

咸

娶妻要準備什麼是吧
不必啦能感動對方最重要
像她的拇指和腿肚都可以一試
只有屁股那地方要慢點
至於她背上的肉和臉上每一處盡情去
　感動無妨

恆

偵察敵情要有恆心
但太過專事恆心也不好
總說不這樣就會惹來上級的羞辱

守株待兔沒抓到半個間諜鐵定有凶險
如果還躁動那就更慘

遯

囚犯越獄溜掉了
不要打草驚蛇
抓到就用皮革把他捆起來
注意自己的臣妾可能是縱囚人
緝捕歸案後別忘了給甜頭吃免得他又
　　再度逃跑

大壯

老是受傷該怎麼辦呢
問神看看吧
腳趾傷了顯然不宜遠行
羝羊傷了一定是從撞壞藩籬來的
車輹壞了就無法把走失的羊追回來

晉

晉爵這件事嘛
像康侯那樣寵遇有加一天連著三受

好是好但被奪去也很容易
憂愁一點無妨只要別學鼯鼠貪求無厭
去除得失心後很快就會獲得重用

明夷

被人中傷
這檔事得謹慎因應
餓個三天不吃東西看對方能怎麼樣
他連你的左股左腹缺陷甚至南狩行徑
　都不放過
那你只好學學箕子佯狂晦藏

家人

管束家人嗎
防閑優先主中饋的要順從
鬼叫嬉鬧不知節制的都不好
積些財富讓日子好過一點
相親相愛加上威信不吉利也不行

睽

小事睽違不妨

馬跑掉了會自己回來
被車拖曳和被牛掣阻都不會折騰太久
遇善士要多以誠信去結交
看到載鬼滿車就別強去求婚約

蹇

出門謀事往那方向好呢
西南可以天子那邊也得去見見
去會有乖蹇回來就沒事了
越是不順越有朋友相助
否則就回家窩著

解

寬解百姓束縛從那裏開始呢
西南方呀
從田裏捕獲三隻狐狸還搜到金箭頭是
　吉兆
沿路負荷過重又乘車恐怕會引來劫匪
不解放像拇指這種小東西是不可能得
　著君子的推誠置腹

損

裁減祭品這件事
得靠自己儉省取信於人
太過或不足都不好
三減一是最佳策略避免有人陰謀搞鬼
有事沒事要去龜卜一下聽聽神明的意
見

益

要給諸侯國增益點什麼呢
那得看它們需不需要
如果用於填補凶災所造成的虧空是不
妨的
目的要它們更懂得順從
還有只要有誠惠於天下是毋須多來詢
問的

夬

到天子那邊告狀
戒懼再戒懼呀
雖然有暗箭中傷也不足恤
半路會破臉刮臀都得羣行不輟

就像馬齒莧容易折斷以後還是少冒這
　種風險為妙

姤

遇到了怎麼辦
女人壯碩暫時不要娶她
羸弱的豬還到處晃蕩把牠綁起來
包魚包瓜都不新鮮擱著吧
跟人相衝頂多被對方討厭一陣就沒事
　了

萃

聚集什麼比較急切
失去見天子探探口氣再作決定
亂聚一通會被大家恥笑
祭告神明的規矩不能省卻
如果多攢了記得流幾滴眼淚給人看

升

那麼升進呢
大祭一番去見天子別擔憂

有虛邑就入駐有臺階就登覽
正如天子自己祭享岐山後諸事順適
只要不糊裏糊塗亂鑽一通就好

困

陷於困境講話誰會信你
沒有庇所不得安居三年都看不到人
缺少酒食被施捨救助顏面擺到那裏去
栽在石堆蒺藜中回家還發現妻子失蹤
　沒事才怪
太慢到車又走不動截鼻斷足再纏進葛
　藟不想辦法解脫也不行了

井

改井合適嗎
有水就好何必增添工程
除非污泥太多又像一只破甕
井水清了卻不能飲用就得靠天子行好
　感動神明來解決
小故障修妥有冷冽寒泉別覆蓋起來不
　讓人分享

革

變革的途徑在那
走中道不妄動為原則
有必要就適時趁勢
更改同一說詞切記超過三次
天子國君靠炳蔚百姓則得洗心革面

鼎

鼎出問題了
顛覆嗎不要緊
再去備料就是了
鼎耳變形鼎腳折斷吉凶不定
換個金耳玉耳總可以美化並趨利保值

震

雷震驚動百里有事麼
該祭祀的要祭祀
恐懼並遵守法度準沒錯
來得太猛被嚇跑的所屬不必追逐七日
　後會回來

其他的損失都未及可能遭人中傷的婚
媾

艮

安身有道
從清心寡欲到擴及肢體
如腳趾腿腹臂膀臉頰等等都不放過
這樣就不會亂跑亂動亂說話
最後再敦厚一點就更完滿

漸

外頭出現一羣大鴻鳥
嫁女兒的時機到了
牠們進駐水湄磐石還不會有狀況發生
但一旦移地到平原可能就會讓征夫回
不來少婦孕不成
再飛上樹木丘陵那就得設法向牠們學
點什麼了

歸妹

娶妻嗎

時機不對哦
以娣媵去充數就像帝乙的作法
愆期遲歸都有定數
勉強從事一定會鬧不清

豐

盛大修繕華屋
國君可能會來視察要鎮定應付
從此看外面的世界也變小了
如果有慶賀聲還好
不然你可能三年都看不到半個人影

旅

羈旅在外無妨
只是瑣事會多了點
途中就宿能獲得童僕相助最好
縱有財貨在身也不會讓你太過快樂
現在射雉沒中牛又走失連鳥巢也被火
　燒了那你還敢動身嗎

巽

要不要順服呢
這得趕快去晉謁天子見機行事
進退可以走剛毅正道也可以採巫術旁
門
太頻繁表露心跡你會後悔
自己沒本錢就不要逞強

兌

敵手派人來談判了
和悅一點對待他
自信也信賴對方是該有的基本的態度
商度不決時最需要剛介守正
三心二意或妄求非分都會害事

渙

祭祀要美盛禮容那方向呢
把馬養壯用它來激勵士氣
親自去慰問姿態低點
只到懶散階段問題不嚴重從新把他們
整合起來就好了
浹治人心在靠戒惕而去殺氣

節

節制的道理在那
就在出內門和不出外門之間
不懂這點就得付出嗟嘆的代價
安於節制甘於節制都不錯
但苦苦守著節制就有凶險了

中孚

怎樣才能感動人心呢
只要想像對方有如躁動的河豚就知道
　怎麼因應了
審度不夠一定不得燕安
有好酒食要跟對方分享不唱高調
發現有人搗蛋就把他抓去關一切會破
　功

小過

小遭遇該如何
不張揚不急促謙遜一點
沒見到國君沒關係但起碼要拜會一下
　他的僚屬

胡亂接見來者又不信賴人就像密雲不
　　能成雨是個警訊
不是自然相遇的人卻強要見面而後又
　　像飛鳥迅疾離開會有災厄

既濟

車隊已經渡過邊界的河川了
倒曳幾個輪子濡濕一些東西很正常
婦人的遮蔽物丟了不必急七天後會找
　　到
當年高宗伐鬼方也是三年才成功別聽
　　信小人短視的計策
有備無患常戒惕就會有後福

未濟

走到邊界的河川還沒有渡過
要多所疑懼不宜貿然前進
隨時設想前面有狀況就不容易出事
要用當年高宗伐鬼方的威震態度來鼓
　　舞士氣
但假使大夥全身濡濕了還能飲酒自樂
　　就有失節度了

【析辨】
一、系統內的歧變

通觀《周易》所決疑事，牽涉甚廣，包括天災（如乾／无妄／大過／壯／震／小過等）、人禍（如隨／蠱／噬嗑／剝／遯／明夷／困等）、政事（如比／同人／臨／觀／習坎／解／益／井／革／豐／節／中孚等）、戰爭（如需／師／謙／豫／復／離／恆／兌／既濟／未濟等）、祭祀（如損／萃／渙等）、教化（如蒙／家人等）、嫁娶（如屯／泰／咸／姤／漸／歸妹等）、農作（如小畜／大有等）、畜牧（如大畜等）和行誼（如坤／履／否／賁／頤／晉／睽／蹇／升／鼎／艮／旅／巽等）等。縱是如此，這也無法成為類例（可作為歸類或定例依據），畢竟《周易》一書乃編纂成就，僅隨機取不重複畫記，所決疑事自無體系可說（非刻意創作以顯示某些邏輯結構）。因此，所謂筮占劇藝搬演的盛況和筮事所示現的形貌意態等（見前），也就都得從前述所條陳個別的卦意及其理則來窺看，所得成果則盡在繹理項內交代，大家無妨就近觀摩而熟得一切。

　　由於筮占乃溝通兩界的媒介，它的靈
驗性還有得事後檢證（《周易》並未見檢附
證驗情況），以致這就會有兩種結果可以察
考：一是證成了；一是否證了。前者沒話
可說（只有信服的份）；後者則不免會讓人
懷疑相關靈隊的能耐（終而演出某種程度
的信仰危機 [75]）。然而，這只會是個案而不
會是通案（否則也不致大家仍對筮占趨之
若鶩），筮占的決疑功能依舊有可信賴處。
只不過筮占此一系統，在世事多變的環境
中不大可能恆久佔據歷史舞臺，它會在所
屬靈隊因故撤離或有其他靈隊強勢介入取
代的情況下自行終結；而終結後的靈占則
又有另一番風貌（別有擇便取據信物及其
相應儀節）。這也就是歷來所見占事取徑千
差萬別的原因所在（所取徑諸如筳篿、星
占、讖書、杯珓、金錢占卦、籤詩、六壬、
奇門遁甲、太乙、測字、雜占、雞卜、虎
卜、狼卜、扶箕、茅卜、鏡聽、祝龜、羊
卜、卜歲、和鵠卦、推背圖和燒餅歌等，
洋洋大觀 [76]），旁觀者大可緣有此系統內的
歧變而嘆異以對！
　　除了這種變換靈占模式以另有取信的
更迭，還有理解靈占本身在《周易》被詮

釋及其演繹上也發生了嚴重的異化。後者
主要是由易傳所開啟（在《左傳》／《國
語》還取《周易》為占筮範本的時代尚未
出現異化現象），而後隨著歷代解易者的風
影比附而更加深這種歧變。但它既已歧變
定了，就得當它是「一樁無妨附麗的美事」
（見前），而不好讓它再回到《周易》的原
初去主宰理解的方向。即使如此，該一附
麗靈動的兼美風貌也自有可觀處。就以最
早有策略性解易的易傳著作來說，它們的
附麗美事就顯現在一級性對總覽包括宇宙
人生秩序和法則的關注（而有我們特加取
鏡的價值）。如分屬於《繫辭傳》三則言說
所示的：

易之為書也，廣大悉備：有天道焉，
有人道焉，有地道焉。兼三才而兩
之，故六 [77]。

易與天地準，故能彌綸天地之
道……範圍天地之化而不過，曲成
萬物而不遺，通乎晝夜之道而知，
故神无方而易无體 [78]。

> 易之為書也，不可遠。為道也屢遷，
> 變動不居，周流六虛，上下无常，
> 剛柔相易，不可為典要，唯變所適
> [79]。

第一則無異是在從新賦予《周易》涵蓋有關天地人的各種道理〔這在《序卦傳》中還可看到解易者刻意連繫卦序，使它總透出天地萬物的生長消息（文長不備引）〕；第二則也無異是在從新釐定《周易》的性質而使它有可被深為期待踐履的契機；第三則乃更進益啟導世人應用《周易》的方法。這在在顯示易傳作者有意讓《周易》擔負宇宙人生秩序和法則的仲裁者，以便接近《周易》的人都可以從中獲得啟發。易傳作者這種思考，已經從一般雜纂（別無特殊用意）上升到哲學層次。換句話說，易傳作者亟欲把《周易》變成一本解釋宇宙人生秩序和法則的哲學書[80]。

易傳著作有此一解易策略，當是時代風氣使然（秦漢大一統所給的激勵），因為我們從其他著作也可窺見非關易事的類似企圖心。好比《大戴禮記·序》載「其探索陰陽，窮析物理，推本性命，雜言禮樂

之辨，器數之詳」、《新書·序》載「通乎
天人精微之蘊，窮乎歷代治亂之故，洞乎
萬物榮悴之情，究乎禮樂形政之端，貫通
乎仁義道德之原」、《淮南子·序》載「其
旨近老子澹泊無為，蹈虛守靜，出入經道。
言其大也，則燾天載也；說其細也，則淪
於無垠。及古今治亂存亡禍福，世間詭異
瓌奇之事。其義也著，其文也富，物事之
類，無所不載」和《西京雜記》載「相如
曰：『合纂組以成文，列錦繡而為質，一經
一緯，一宮一商，此賦之迹也。賦家之心，
包括宇宙，總覽人物。』」等 [81]，都可為證。
馴致從該附麗美事的角度來看，《周易》的
原初面貌如何，以及解易者是否能藉有限
的卦數來表達無窮的義理，已不再是所該
關注的重點（得轉移到有關《周易》的詮
釋策略上；同時藉著該詮釋策略反省自身
既有策略的得失成敗，以為對未來有所寄
望，才不會再陷於一些無謂論說的糾葛
中）。倘若說當今學科的過度分化，以及物
質文明的急速膨脹，已經讓人深感「意義
失落」的危機，而企圖振衰起敝，那麼解
易者那種涵蓋宇宙人生全體的思考方式，

不啻是最好的「補偏之道」，值得有心人三思 [82]！

有關詮釋及其演繹《周易》的歧變部分，所能別為說實的大致如此（至於相關占事取徑的歧變部分，乃屬「勢不可違」或「理有必然」，這就沒有什麼可討較的地方）。前面所發的「那還有『相益』果效可以一道宣揚」，約略就是指這種情況。它不妨跟本脈絡的說解異彎並驅，看誰能先馳得點。

二、相關占理的文化性定位

回到《周易》所體現筮占的意蘊神態上，經由本脈絡一番歸整所外裹的謎團終於得以解開：這先以「筮占必有占筮者和命筮者共同制約前後流程而自成一個徵驗結構」為焦點化，而後結成一幅環衛著「召請神示而神給信據」／「有靈心且能妙契」／「縮諧式倫理」等足夠高華的圖象（見前）。裏面除了自有「神祕事計慮不為無故」的可察覺心理趨向（見前），當還有不易察覺的社會／文化背景存在，以致任何一個筮占行動從物質性的展示進入到心理／社

會／文化等精神實情的演出，而有我們據
以為連帶細探深究出采的價值。

　　此中心理層面為近因，社會層面為中
因，文化層面為遠因。這在筮占的受制約
上乃依次而漸形隱晦，但就理解來說不妨
從後者著眼而前二者則勢必會一併明朗
化。因此，這裏就從文化層面談起。通常
單純的自我抽韇具取筴策以占問只是一個
動作而不帶文化性；只有在它進入社會互
動情境（有命筮者和占筮者一起完成筮占
活動）文化性才開始彰顯。如今筮占活動
開啟了，相關占理的文化性自然會跟著浮
現。這個文化性是一種集體性的精神表徵，
它可以流露在整體行為的特性上，也可以
顯豁在各別行為的異象上。前者（指整體
行為的特性）無妨將它總縮為「人類展現
創發或研練的成果」（有別於純生物性的存
在）；後者（指各別行為的異象）也無妨將
它權為收攝論者所作包括終極信仰／觀念
系統／規範系統／表現系統／行動系統等
五個次系統的區分 [83]。當中終極信仰是指
人類對宇宙人生究竟意義的關懷而將自己
的生命所投向的最後根基（如上帝、佛和
道等）；觀念系統是指人類認識自己和世界

的方式且由此產生一認知體系和一套延續及發展他們認知體系的方法（如哲學和科學等）；規範系統是指人類依據他們的終極信仰和對自身及對世界的了解而制定的一套行為尺度且比照這些尺度而產生一套行為模式（如倫理和道德等）；表現系統是指人類用一種感性的方式來表現他們的終極信仰／觀念系統／規範系統等而產生了各種審美性作品（如文學和藝術等）；行動系統是指人類對於自然和人羣所採取的開發和管理的全套辦法（如自然技術和管理技術等）[84]。

依此五個次系統的編序，終極信仰是最優位的，它塑造出了觀念系統，而觀念系統再衍化出了規範系統；至於表現系統和行動系統，則分別上承終極信仰／觀念系統／規範系統等。如圖所示：

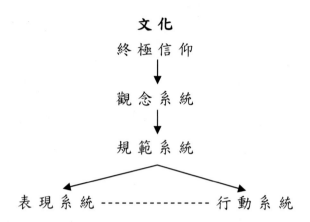

文化

終極信仰

↓

觀念系統

↓

規範系統

表現系統 ---------------- 行動系統

　圖中表現系統和行動系統之間並無「誰承誰」的問題；但它們可以互通，所以用虛線連接。如管理技術所蘊涵的政治／經濟／社會等社會工程，跟文學／藝術等表現彼此也能相涉，而有「政治藝術化」和「文學受政治／經濟／社會影響」一類現象的存在[85]。

　　有關文化整體的概念是這樣；至於分殊則到了各文化次系統的據位表列。而這不妨依觀念系統中的世界觀（終極性的意識形態）為判別依據，讓它暫且作為制約文化生成的深層性變項。由於它來自終極信仰的衍發且摶造了文化大體上的特色，以致如今世界現存的創造觀型文化／緣起觀型文化／氣化觀型文化等三大文化體系

就各自藉它來標記差異（所以不用更優位的終極信仰為區分依據，主要是它合詞後不好稱呼以及它已內在世界觀中而可以由世界觀「出面打理」）。相關的理則約略是：世界觀是觀念系統的核心，它以終極實體的信仰為前提而發展出一套認知體系；而這套認知體系在各文化傳統則有不同的體現。當中創造觀型的文化是緣於相關知識的建構（及器物的發明）根源於建構者相信宇宙萬物受造於某一主宰（神／上帝），如一神教教義的構設和古希臘時代形上學的推演以及近代西方擅長的科學研究等都是同一範疇；而緣起觀型的文化是緣於相關知識的建構根源於建構者相信宇宙萬物為因緣和合而成（洞悉因緣和合道理而不為所縛就是佛），如古印度佛教教義的構設或增飾（如今也已傳布世界五大洲）就是如此；而氣化觀型的文化是緣於相關知識的建構根源於建構者相信宇宙萬物為自然氣化而成（自然氣化就是一個天道流衍的過程），如中國傳統儒道義理的順為施設和演變（儒家注重在集體秩序的經營；道家注重在個體生命的安頓，彼此略有進路上的差別）就是如此[86]。也正因為有世界觀

的先行存在，相關的知識範疇才有可能成形；而所有筮占經驗要歸建為知識領域，當然也得透過或借重世界觀的深為照徹。

在這種情況下，占理整體文化性的顯明化，就是筮事進入或被置於文化各次系統發揮或展現了一個正在運作或可被運作的對象。因此，有關實質內建的定位是：首先它隸屬氣化觀型文化，而同樣以「道」此一自然氣化過程或理則為終極實體的信仰；其次它一樣以「氣化觀」此一認知體系為依據且繁衍出「縮諧式倫理」此一行為模式；再次它所選用的筮占全套辦法及其諧和自然所內蘊的「優美」感興（也包括繇辭間採用比喻／象徵技藝而帶有相同的感興在內）等，則全由道／氣化觀／縮諧式倫理一貫而下所體現的。如圖所示：

氣化觀型文化（筮占）

道

↓

氣 化 觀

↓

綰諧式倫理

優美 ---------------- 筮占媒介及儀式

這所得細為說明的是：氣化觀型文化中各
樣表現都信仰道此一終極實體，而道僅是
精氣化生萬物的過程或理則（有別於西方
創造觀型文化中那一上帝實存者）。原來天
地間有駁雜的氣（就是一般的氣）和精純
的氣，而精純的氣就通稱為靈體[87]（或以
神靈總提）。此靈體具有思感等能力（肉體
則不具此能力）[88]；而古來就把這靈體當作
穿梭兩界的實存者而始終對祂有著無比的
景仰（雖然祂的源頭已無從追溯，但只要
信仰祂就會再孳生或衍增「**人之生，氣之
聚也**」或「**神靈者，品物之本也**」[89]一類
精氣化生萬物的概念）。由於該化生過程
（其實只是入胎）無以名狀，僅當它是在
自然中進行（也包括背後可能有的某些理

則在內），所以道的終極實體性就因此而被賦予了。緊接著便是氣化觀此一世界觀的成形以及相關次級表現的無盡分衍等，從而將氣化觀型文化一個專屬的體系搬演完竣。當中道和氣化觀為此體系文化內各表現所共遵（體現），而筮占又再同為精演的縉諧式倫理，則是根源於它所體現「人對泛神敬仰轉求助以獲語示解困」和「人本身已有對自然人情和諧性的維持經驗」等雙重律則（見前），這從《周易》中可以全然窺得，就毋須贅敘了。

比較需要分辨的是，外靈（不論是自然神靈還是人死後變成的鬼靈或是其他強甚的物靈）憑什麼能耐比人強（使得人必須訴請靈示以決疑）？這約略可以如此看待：外靈是不是能耐都比人強，這沒得比較，也說不準；但基於兩界始終處在循環互進中這個前提[90]，秀異者一樣是來來去去，不好忽略有稟賦特強的在靈界或在現實界，形成誰搶到先機誰就先有卓越表現的局面。不過，外靈總是佔有某些優勢，包括祂們可以知曉或探得前世今生的因緣，以及由於少了肉體的負擔而能夠較為自由且迅速移動以盡窺機密檔案，並且在

結成團隊後又可以比現實中人更容易合力謀事致勝（這也包含祂們能於瞬間發動災變毀滅生靈在內）。類似這些本事，就不是一個純聰穎問題所能涵蓋，它還有現實中人所想不透的奧秘成分[91]。附帶一提，中國傳統所見其他書也能體現此一諧式倫理（尤其是載記於孔孟老莊書中）[92]，只是遠不及《周易》特能拓寬邊界而涉獵兩界的互動，這一殊異性當也大可不言而喻。

三、跟他系文化神祕學的比較

經過文化性定位後，相關的占理不但益發了解，並且還能據為對比他系文化的同類事務。這種對比，在終極點上是為了凸顯自我所屬傳統神祕學的優著處（否則就不必這麼費事在東比西比）；而這最好取以相較的對象，自是西方創造觀型文化所見的類似作為（印度佛教發展出來的緣起觀型文化但以解脫為務而不尚占事，沒有對照點可以相比）。

西方的靈占也很多樣化，包括占星／手相／靈數／塔羅牌／靈擺／卜杖／靈驗盤／水晶占卜／星座／咖啡占卜等[93]，相

關的媒介物大多指向一個外在的神祕世界。換句話說,西方的靈占用意已不盡是為了袪疑而是要藉以探向所可冥契的靈界。該靈界乃神的國度(裏面有無窮盡的祕密),於是一切靈占也體現了創造觀型文化的上帝信仰(可以向祂呼求、籲請和懺悔等),而開啟迴然有別他方社會的純關生紀元。

這個紀元從可能的測度宇宙人生秩序和法則(如前述解易者所賦義的那樣)轉向探究宇宙人生的運作和奧祕,終而以一個同為戡役式倫理的姿態行世。這是說西方人有造物主的信仰,所摶成的創造觀型文化既肯定上帝造物的權威又想媲美上帝而不斷走上逞能創新的道路。它在現實生活方面,誤認平等受造意識就能以個人為社會結構基本單位且專事民主制度的營造;而在文化發展方面,也大意透過挑戰自然去窮究事物而極力昌皇科學實務。這表面上是在締造塵世的上帝國,實際上卻是政治分贓敗德和殺伐掠奪殘酷的發端!

所謂的政治分贓敗德,就是顯現在該民主逞能上。它縱然是西方人經過漫長試煉而帶終結性的歷史選擇;而它的無可批

評，也僅是像 Winston Churchill 所曾維護的「等到所有的政治制度都實驗過了，才能說民主是最壞的一種政治制度」那樣[94]，並非本身是最後的真理。更何況它在所潛蘊人人有機會分一杯羹而又不想讓異己者常享好處的情況下，定會發生美國某一脫口秀藝人所諷喻的「（民主制度下的）政客就像尿布，必須經常更換」那般[95]，始終都在玩「你上我下」相互扯爛汙的遊戲，而使社會永無寧日！此外，它在不上道時，還會引起如 Winston Churchill 所發「民主只是大多數白痴來排擠天才的合法程序」這樣的慨嘆[96]。還有晚近更因普遍強讓民粹附在民主後面威脅攻擊菁英或建制派當了「晚宴中的爛醉者」[97]，令人厭惡痛心到要哀悼「民主已死」，種種「反民主」、「反對選舉」和「別讓法西斯復辟」等呼聲溢目盈耳[98]，大有世界末日的景況，如何也由不得人思及一己將要在政治環境中覓得什麼樣的寄身！

所謂的殺伐掠奪殘酷，就是顯現在科學創新上。西方人的迷信也僅因它有所助益現實物質生活的改善，卻看不到裏頭隱藏了兩個大問題：一個是科學技術的成就

預設了西方民族或種族的優越感，將科學技術視為是進步主義的象徵，並且合該成為一普遍性和必然性的世界潮流；一個是科學技術現代化帶來了能源枯竭、生態破壞、環境汙染、溫室效應、臭氧層破洞和核武恐怖等後遺症。前者不但無法驗證，還有誤導的嫌疑（證諸許多第三世界國家受鼓舞實施科技現代化的終局，幾乎要瀕臨崩潰破產的邊緣，可以確定這點[99]）；而後者則一旦惡果造成了，全世界的人從此就沒有一個能夠逃過能趨疲法則的制約及其不可再生能量即將到達飽和臨界點而讓地球陷於一片死寂危機的威脅，更別說在這個過程中所連帶興作的資本主義和殖民征服激起大家為了爭奪資源以維持自我存在優勢，早已磨刀霍霍的雙向殺戮，所有毀滅性武器一再被研發出示，而使得全體人類不斷地籠罩在極度駭懼的氣氛裏[100]！

我們看西方的靈占，占星一項始終在跟科學密切結合自不待言[101]，而靈擺／卜杖等項多被用作探勘礦源的媒介也離不開要昌皇科學實務[102]；至如手相／靈數／塔羅牌／靈應盤／水晶占卜／星座／咖啡占

卜等看似只在為人決疑，其實也內蘊著大
家要藉它們來寬廣視野和拓展相關事業
[103]，依然有著濃厚的嗜新色彩。因而整個
西式的靈占也可以援例圖示如下：

創 造 觀 型 文 化 （ 靈 占 ）

上 帝

↓

創 造 觀

↓

戕 役 式 倫 理

↙   ↘

悲 壯 ---------------- 靈占媒介及儀式

創造觀型文化中人興作資本主義全球化所
夾帶的科技濫施禍害、強權掠奪四處點燃
戰火、新經濟體競出相互廝殺，以及實質
造成上述的生態浩劫等，就是緣上帝信仰
為比能創造而走上戕天役物（挑戰自然／
媲美上帝）險徑所促成的，相關靈占的「配
合」行動正好顯示它一貫的戕役式倫理（如
有把靈占當成致命的武器，那也是由戕天
役物觀念所伴隨或促發的）。但因為後遺症
多，西方人處處自置危地所顯露的是一蹈

屬身分（表面上是亟欲追比上帝而帶有崇
高性，實際上則是在自我陷溺而終流於悲
壯下場）[104]。這麼一來，它就跟中國傳統
的靈占「不務此道」而大相逕庭了（而這
還有得細為討教。詳後相關章次）。

【運用】
一、藉為探勘占事祕境的參考座標

　　中西的靈占在未來實務上還要讓它們有一番爭勝出采的預言，以見同樣可以立顯一方優著。只是就論說順次（或說應有的理序），此地得先談一個有關「藉為探勘占事祕境的參考座標」的運用問題。這個問題，是從前面一路論述下來就逐漸在醞釀著，現在終於成熟了總要給個交代（以免有論說罅隙未弭的憾事發生）。換句話說，【析辨】過了「系統內的歧變」／「相關占理的文化性定位」／「跟他系文化神祕學的比較」後，自是要進益到思考如何有效【運用】的階段（才有理路的一貫性）；而這首先就得想想「藉為探勘占事祕境的參考座標」此一不得不爾的過場用度。

　　《周易》因為有相當明劃的筮占模式體現（比較他書也帶神祕性質卻無此類特徵可察考，它不啻是世上「僅此一家」），所以把它作為探勘占事祕境的參考座標則有「捨此無他」的意義和價值。至於要對這個要項的藉事有怎樣的認定，則不妨從

下列幾個方面來談：首先是有關《周易》
筮占所屬靈隊的成形還有一探以便顯知的
必要性。靈隊的成員不外有純神靈或純鬼
靈或純物靈（指在靈界的部分），但通常是
「綜而有之」。這乃相通於現實界的派閥或
利益團體（政黨），在要有組織此一前提下
的必然成軍要求。這點縱是已無從考得當
時筮占所屬靈隊的羣聚經歷，卻又不難想
像為應命筮者不同所需（請求決疑事五花
八門）勢必要有能耐各異的成員來擔負，
致使相關祕境就真的要在一個「靈隊」的
合力營造中才有可能成形 105。而這對現代
人來說，還有一項時空差異的難題得克服。
也就是說，三千年前筮占所屬靈隊已杳如
黃鶴，不論祂們是否還能穿越歷史帷幕來
到當今社會，都有需要旁敲側擊或上下求
索去探得祂們運作的情況（不管是為了成
知還是為了傳衍，都有「備著它才好說話」
的需求）；而《周易》的黏著性還在（文獻
的光芒沒有消失），總能喚起古老靈心的助
力解答而使它成了我們探勘占事祕境的最
佳參考座標。

其次是靈隊在傳知的效益上也可以加
以揣度好給相關祕事借鏡機會。決疑本身

就是一個傳知的歷程（命筮者發出疑問，占筮者轉述靈示給解答，這一問一答就是知識或資訊的交會）；而傳知又有傳遞認取性知識／規範性知識／賞鑑性知識等不同情況（偶爾三種知識也會相互交涉而形成難分難解的局面）。這緣於知識各有相異靈層在保管或發用，以致凡是有超出筮占所屬靈隊己能的範圍，祂們要去調閱或借取時難免就會發生準度的問題，使得相關的驅策功能（先有知識屬性的存在才會使靈隊據為發布）必須給它設定一個禁區。如圖所示：

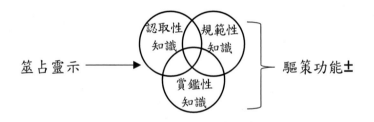

這個禁區以驅策功能加減價碼充當，依中數五十分為準的，往上可加到滿分，往下可減至零分，而不合以意斷定必然位居何處（畢竟那都是有待持續性的追探才有得驗證成效）[106]。如今固然不知道當時靈隊在傳知上的效益如何（《周易》文本並無相

關的著錄），但有此一禁區可供遐想揣度，當也能在相當程度上解決了筮占並非絕對可靠的信賴問題（雖然它大多時候還是很靈驗），因而也從旁證成它的參考座標功用，有意一探祕事的人大可加以借鑑。

再次是所選用筮策媒介物有加持功能當據此展延以觀後效。筮占所屬靈隊選用筮策畫記作為憑證，這未必是一個非有不可的程序（隨手採用的機率仍高）。正如古書有所謂「善為易者不占」[107]的說法（不必藉媒介物為占），而中外靈媒在服務信眾時也多有直接聽取靈示（毋須再有任何的儀節）的案例 [108]，都可以佐證。顯示該筮策畫記只圖一時的障眼功效，不必太過認真看待。這樣它究竟被加持了什麼，也就另有「別為衡鑑」的必要性（否則只能徒讓它如如存在而無法對它「也想有所發言」）。由於它僅對第一次筮占有意義，爾後的占筮也要仿效就只會是但希冀感神「以獲冥應」（見前）。而這從《左傳》／《國語》以下凡是藉《周易》範本為占的，都不明白此中的道理 [109]。因此，好好把相關媒介物的被加持狀況研究清楚一點，也就成了一個附帶得有的及時性任務。如此

《周易》所展示的筮占行動自然要引為探勘相關祕境的特大參考座標，無妨有心人繼續展延用智於斯，以便看它成效如何。

從上述幾個方面來掀揭「藉為探勘占事祕境的參考座標」一義，不可能涵蓋《周易》所能被運用談論的全部，致使所謂「我們值後當然也得另具隻眼來察看它的奧妙演義，才不致錯失這一長段連縣深遠的歷史明教」一個觀點（見前），還是要將它的餘韻推出來屬和，讓它或有更具指標性的層面得以被覷見（而這正是後一章次所要指實發揮的地方）。

二、將內蘊氣化世界觀引為對治西式創造世界觀所遺禍害

無論《周易》相關理則如何的輾轉演變迄今，它的筮占儀節已經是歷史的陳案，後人凡是有所紹繼而接不到該靈隊的都只能以它為占筮的範本，靈驗度必然要大打折扣 110。這顯然還有得從長計議再行綰合的途徑（成功率恐怕不會很高），姑且就先談到這裏。如今比較重要的是怎樣把《周易》所體現的文化性予以宣揚，而讓它持

續發揮應有的作用（這才是末端所可以從新看待《周易》的地方）。

關於這一部分，前面所預言過的「（《周易》）再凝聚蘊自氣化觀此一世界觀及其背後有關道的終極信仰，從而活出一幅中國傳統特有的文化圖象，大可相區別於他者的異質演出。這一縮諧式倫理的普遍化實踐，就是《周易》內蘊的精神所在；而當今國人在面對西式文化強勢凌駕以及舉世瘋狂追隨西方人所興作帶動全球化致使能趨疲危機深化的窘境，則特別有必要重為汲取它以為因應變局所資，可說是價值非凡」，此地就得來實踐對演繹該非凡價值性的承諾。由於在自我所屬文化性及其縮諧式倫理的踐履處必能善加維護人文生態和自然生態等早已有目共睹，所以相關的對比演繹就從不務此道的西式文化入手。

西方創造觀型文化所以會演出戡役式倫理，已經有過粗略的分辨，現在要再細說的是：原先發軔於古希臘時代的科學和民主，一個興趣在天文學、物理學、數學和邏輯學等知識的建構，而將相關事物的存在後設追認到眾神中造物神的決斷[111]；一個致力於城邦公民自治體制的塑造（公

共官員透過直接選舉、抽籤和輪流等多種方式產生 [112] ），彼此都僅限於內部的構作試驗，並未擴及他方社會，只能算是創造觀型文化的雛型。後來基督教竄起，逐漸把科學和民主收攝於單一神的啟示作用，從此科學研究和技術運用及其器物發明等一轉變成是為了媲美上帝的能耐（兼榮耀上帝在先）;而民主體制的充實發展也被連帶推上了深凜平等受造和原罪意識必要權力分享制衡的旅程。當中又因宗教改革促成資本主義和殖民主義的興起，一場窮耗地球有限資源和支配荼毒他方社會的整體生態災難於是連縣不絕，終而流露了定式創造觀型文化猙獰或實欠美妙的面目。此一面目可先透顯於一個簡圖：

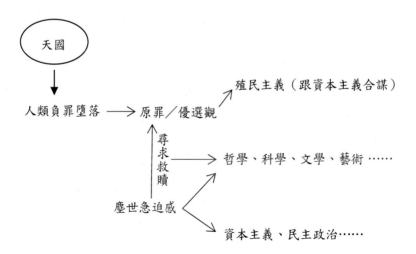

然後則可從中覷見該生態災難所以連緜不
絕的全球化過程。這已經有很多人在掀揭
批判[113]，但都未能細審它深層的動因。也
就是掀揭批判全球化的人莫不知曉全球化
不是到了晚近才開始，它從十九世紀以來
漸行發生的跨國貿易和資金勞工的流動、
甚至幾度的金融危機時期就出現了。這是
無可懷疑的事；但當真要說有全球化的事
實，則還可以遠推到十六世紀宗教改革後
一併興起的殖民主義和資本主義。基督教
新教徒憑著他們「因信稱義」的信念，脫
離舊教會的束縛，由於社會地位低落（而
非上層的既得利益者），必須以快速致富的
方式來改善處境，所以造就了資本主義的
勃興；爾後為了更能取得存在的優勢，併
同地到世界各地掠奪資源和建立根據地而
促使殖民主義的隆盛（當今的美國和加拿
大，就是被新教徒征服後建立的國家），而
全球化也就從此時陸續展開，迄今都不見
平息當中藉別人資源來實現自己致富美夢
的狂悖氣燄。而新教徒所以會走到這個地
步（舊教徒後來也紛紛受到刺激而跟著張
揚起來），關鍵就在他們所信守的原罪觀
念。換句話說，原罪教條的訂定[114]，勢必

會影響到新教徒贖罪的恐懼（駭怕回不了天國）而恆久的不安於世[115]。而緣於贖罪的必要性，一種深沈的塵世急迫感也悄悄地孳生，終於演變成要在現世累積財富兼及創造發明（包括哲學、科學、文學、藝術和制度／器物等等的建樹翻新）來榮耀上帝並藉以獲得救贖[116]；尤其在資本主義和殖民主義矯為成形後，更見這種過度的煩憂（相對的，同樣源自希伯來宗教的猶太教和伊斯蘭教，在它們流行的地區，由於沒有強烈的原罪觀念或甚至沒有絲毫原罪觀念[117]，以致就不時與基督教徒所崇尚的民主制度、科學至上和資本主義／殖民主義等行徑，相關的成就自然沒那麼耀眼）。因此，它所體現的創造觀這一世界觀，就正好支持了它要以創造來回應上帝造人而人負罪被貶謫到塵世後尋求救贖的必經途徑。但可嘆的是，非西方社會中人原不是這種信仰，卻在人家一番傾銷後迎合了上去，導致世界日漸一體化在窮為耗用地球有限資源。就因為西方創造觀型文化這一總為戡天役物式道德觀所實踐處無不連帶鼓動大家一起窮耗地球有限資源而引發能源枯竭、生態破壞、環境汙染、溫室效

應、臭氧層破洞和核武恐怖等後遺症，所以必須力敵強為逆反全球化而重過簡樸的生活，才有可能扭轉失序的倫常及其能趨疲危機。

　　既然要逆反全球化，那麼全球化就不能看著它延續，而必須讓時序推進到後全球化時代。這在當今已有發生於世界某些角落的原始主義、社會改良主義、民族主義、原教旨主義和馬克思主義等在策畫行動[118]，但實際上它們被操作時僅是消極抵抗或不附和而未能極力批判，到頭來都成了全球化的組構成分而欲後無由。畢竟全球化背後的資本主義邏輯和軍事或文化殖民的征服等因由，才是當中的關鍵，逆反全球化就是要以它為對象；而如今所見的相關作為卻都是以另起類似的因由在籌謀對策，自然罕有成效可說。因此，只有徹底逆反全球化，才是大家能夠繼續在地球上安穩存活的唯一保證。很明顯所謂「讓時序推進到後全球化時代」，乃是從現今漸漸廣見的逆反全球化思潮加碼（也就是知道轉批判西方人遺禍地球的根本原因而敦促他們調整信念）後所期待實現的。縱然

還不到時候，但在實質上只要相關的有力理念啟動了，遲早就會看見迴響。

基於這個前提，後全球化的「後」思維就得有東西來填補逆反全球化所會出現的思想空缺。而這在我們必要凸顯主體的立場，一定是先由自己採取行動來回應。因此，情況緊急，所能想及最方便致效的新變途徑，則無處是在復振深化可以衍為舉世滔滔暴亂安全閥的縮諧式倫理。這所體現一個但務縮結人情／諧和自然的節欲式文化形態，在轉化緩和（對治）西方那一強顯挑戰自然／媲美上帝縱欲式文化的蠻迫壓力和迷狂興作上特別有可預見的效率。也因此，縱使當今海峽兩岸都棄守己身所屬自有優越性的文化傳統，看似就要跟隨他人流墮到底了；但只要這文化因子還在，再加上自我意識的普遍覺醒，總有一天會看到它從新昌皇，並且滴水穿石般的渡化了這個世界 [119]。

【注 釋】

1. 孔穎達等,《周易正義》,收於《十三經注疏》(臺北:藝文,1982 年),頁 175。

2. 參見周慶華,《文學詮釋學》(臺北:里仁,2009 年),頁 55～56。

3. 所有的詮釋最多只能擁有這種相互主觀性而無法僭越宣稱已獲得了什麼客觀性。有關相互主觀性的問題,詳見歐蘇利文(Tim O'Sullivan)等著,楊祖珺譯,《傳播及文化研究主要概念》(臺北:遠流,1997 年),頁 204;何秀煌,《記號學導論》(臺北:水牛,1988 年),頁 23。

4. 殷人凡事有所決疑,都喜歡訴諸貞卜。卜前,取來龜的腹甲或背甲,先行刮治,然後從內面施以鑽鑿,所得孔隙或橢圓或正圓不定,但全未穿透表皮;卜時,加火灼燒,正面未經鑿透的表皮,就破裂成兆紋,看上去有直有橫為「卜」狀,貞人或卜人便依該兆紋而占斷吉凶,如有改用牛骨占卜的妨此;卜畢,就將所問的事註記於兆側,朱墨書都有,書後始刻,也有刻後又加塗飾硃墨的。詳見羅振玉,《增訂殷墟書契考釋》(臺北:藝文,1981 年),卷下,頁 64～66;陳夢

家,《殷墟卜辭綜述》(北京:科學,1956年),頁 9～19。

5. 司馬遷,《史記》(臺北:鼎文,1979年),頁 255。

6. 文本和作品的區分,姑且依接受美學或讀者反應理論取一文義未定狀態一文義已定狀態意涵。詳見 Robert C. Holub 著,董之林譯,《接受美學理論》(臺北:駱駝,1994年);Elizabeth Freund 著,陳燕谷譯,《讀者反應理論批評》(臺北:駱駝,1994年)。

7. 《周易》全書所見約有元亨利貞吉凶悔吝屬孚旡咎等文辭以定休咎。當中除了吉凶二字是明定,其餘都為暗含。參見程發軔,《國學概論》上冊(臺北:正中,1978年),頁 35～36。

8. 詳見孔穎達等,《周易正義》,收於《十三經注疏》,頁 166;司馬遷,《史記》,頁1937;班固,《漢書》(臺北:鼎文,1979年),頁 1704。

9. 參見李鏡池,〈左國中易筮之研究〉,收於《古文辨》第三冊(臺北:藍燈,1987年),頁 171～187。

10. 張政烺,〈座談長沙馬王堆漢墓帛書·

發言〉，收於《文史集林》第五輯（臺北：木鐸，1981 年），頁 69。

11. 依前人的察考，汲冢出土的竹書中有《易經》二篇，跟通行本《周易》上下經相同（詳見杜預，〈春秋經傳集解後序〉，載於孔穎達等，《春秋左傳注疏》，收於《十三經注疏》，頁 1063），則通行本《周易》乃承汲冢竹書一系而來，漢墓帛書自為一系統。但據前面所說，古本並無九、六和初、二、三、四、五、上等數字名目，則此二者應該都不是原始的《周易》。只不過汲冢竹書一系傳者多，修訂的也多，因此成為今天的定本；而漢墓帛書失傳，乃不見於後世。

12. 詳見陸德明，《經典釋文》（臺北：漢京，1980 年）；徐芹庭，《周易異文考》（臺北：五洲，1975 年）。

13. 周世榮，〈座談長沙馬王堆漢墓帛書・發言〉，收於《文史集林》第五輯，頁 76。

14. 分別語出《繫辭傳》和《說卦傳》。詳見孔穎達等，《周易正義》，收於《十三經注疏》，頁 158、182～183。

15. 詳見李鏡池，〈周易筮辭考〉，收於《古史辨》第三冊，頁 187～251。

16. 同上，頁 191～193。按：李氏這些說法，一方面來自古書的靈感，一方面來自甲骨卜辭的啟示，不無見地，只是證辭難得。

17. 分別語出《詩‧氓》、《國語‧晉語》和《禮記‧祭義》。詳見孔穎達等，《毛詩正義》，收於《十三經注疏》，頁 135；韋昭，《國語注》（臺北：藝文，1974 年），頁 202；孔穎達等，《禮記正義》，收於《十三經注疏》，頁 826。

18. 孔穎達等，《春秋左傳注疏》，收於《十三經注疏》，頁 718、163。

19. 韋昭，《國語注》，頁 401。

20. 被借體言宣示意和可聽取靈訊的中介者（靈媒），在當代另有乩童和靈乩的身分區劃。詳見劉還月，《臺灣民間信仰小百科（靈媒卷）》（臺北：臺原，1996 年），頁 85；宇色，《我在人間與靈界對話》（臺北：柿子，2011 年），頁 268。

21. 詳見段玉裁，《說文解字注》（臺北：南嶽，1978 年），頁 203～204；何休，《公羊傳解詁》，收於《十三經注疏》，頁 30；

陳壽,《三國志》(臺北:鼎文,1979年),頁 232。

22. 這相沿流傳於民間的（或說本就存在的），仍（則）有坐禁、習術、持咒和訓體等考評流程，以確保通靈人媒介身分的穩定性或持久性。參見林富士,《孤魂與鬼雄的世界：北臺灣的屬鬼信仰》（臺北：臺北縣立文化中心,1995年）；蔡佩如,《穿梭天人之際的女人——女乩童的性別特質與身體意涵》（臺北：唐山,2001年）；陳信聰,《幽明得度——儀式的戲劇觀點：臺南市東嶽殿打城法事分析》（臺北：唐山,2010年）。

23. 執掌筮事的人,在《周易》裏明列的有專職筮人和卜人兼事兩種（詳見賈公彥等,《周禮注疏》,收於《十三經注疏》,頁 369～376）。這僅可參看,未必相應於原筮占成形時的情況。

24. 古今靈占事當是同一情境（請求神示而神給信據）,差別只在各靈隊為樹立威信或維護既得利益會選用相異憑藉而已。參見周慶華,《靈異學》（臺北：洪葉,2006年）；《生態災難與靈療》（臺北：五南,2011年）；《靈異語言知多少》

（臺北：華志，2020年）。

25. 屈萬里，《屈萬里全集⑧・先秦漢魏易例述評》（臺北：聯經，1984年），〈自序〉，頁1～2。

26. 詳見高懷民，《先秦易學史》（臺北：中國學術著作獎助委員會，1986年）；高懷民，《兩漢易學史》（臺北：中國學術著作獎助委員會，1983年）；徐芹庭，《易學源流》（臺北：國立編譯館，1987年）。

27. 那些解易的言說，有的在發明易義，有的在隱用易義，有的跟易義相合，也無不自顯繁采。詳見胡自逢，《先秦諸子易說通考》（臺北：文史哲，1980年）。

28. 分別語出《彖傳》和《象傳》。詳見孔穎達等，《周易正義》，收於《十三經注疏》，頁23、35。

29. 分別語出《文言傳》和《說卦傳》。詳見孔穎達等，《周易正義》，收於《十三經注疏》，頁12、183。

30. 分別語出《繫辭傳》。詳見孔穎達等，《周易正義》，收於《十三經注疏》，頁157、155、153。

31. 即使能參透《周易》為卜筮書一理的朱熹，在他作《周易本義》時也儘多囿於十翼的陳說〔詳見朱熹，《周易本義》（臺北：世界，1979 年）〕，可見十翼深遠影響易學流變的一斑。

32. 參見屈萬里，〈說易〉，收於《屈萬里全集⑰·屈萬里先生文存第一冊》，頁 37～47。

33. 十翼包括《彖傳》上下、《象傳》上下、《文言傳》、《繫辭傳》上下、《序卦傳》、《說卦傳》和《雜卦傳》等（共十種），一向被視為《周易》的輔翼。早期多傳為孔子所作（詳見注 8），後來則頗辨真詳而判定成於戰代多人手裏〔詳見李鏡池，〈易傳探源〉，收於《古史辨》第三冊，頁 95～132；屈萬里，《屈萬里全集⑫·古籍導讀》，頁 134～136；戴君仁，《談易》（臺北：開明，1980 年），頁 12～18〕。

34. 相關說詞，可見《繫辭傳》「古者包犧氏之王天下也，仰則觀象於天，俯則觀法於地，觀鳥獸之文與地之宜，近取諸身，遠取諸物，於是始作八卦，以通神明之德，以類萬物之情」、《說卦傳》「昔者聖

人之作易也，將以順性命之理，是以立
天之道曰陰與陽，立地之道曰柔與剛，
立人之道曰仁與義。兼三才而兩之，故
易六畫而成卦；分陰分陽，迭用柔剛，
故易六位而成章」、《繫辭傳》「易之為
書也，廣大悉備：有天道焉，有人道焉，
有地道焉。兼三才而兩之故六。六者非
它也，三才之道也」和《象傳》「天行健，
君子以自強不息」及《文言傳》「子曰：
『君子進德修業。忠信，所以進德也；
修辭立其誠，所以居業也。知至至之，
可與幾也；知終終之，可與存義也。是
故居上位而不驕，在下位而不憂。故乾
乾因其時而惕，雖危无咎矣』」等（詳見
孔穎達等，《周易正義》，收於《十三經
注疏》，頁 166、183、175、11、14），
這都在無徵／難驗／罕聞／少證等方
法論匱缺的範圍。

35. 僅以象數派為例，它在兩漢時特別興
盛：先是肇始於孟喜／京房，而後有鄭
玄／荀爽承繼，最後由虞翻集大成。當
中孟喜專習災異術而好據卦象以推測
易辭所從來；鄭玄／荀爽則分別力倡爻
體／爻辰說和升降／卦變例；虞翻乃自

出納甲／旁通／半象見／兩象見／三
變受上等議論，紛然並陳，使得繇辭中
的一句一字無不能依卦象以旁知緣由，
儼然已臻以象數說易的極致了。然而，
以象數說易本就無從取證於經文，何況
還生造義例，恐怕連十翼作者都難望它
的項背。姑且以互體為例：互體是從六
畫卦中取二三四爻和三四五爻各互一
三畫卦。這是京房根據《繫辭傳》所載
二四／三五同功異位等說詞（詳見孔穎
達等，《周易正義》，收於《十三經注疏》，
頁 175）予以附會，於是一卦並同本體
而有四體，所牽涉的象乃大為倍增；迄
至虞翻，更恣肆推衍而所互愈繁，除了
京例又以初至五／二至上各互一六畫
卦，再以初至四／二至五／三至上各體
一六畫卦，則一卦復互為五卦而得十體
（詳見屈萬里，《屈萬里全集⑧・先秦
漢魏易例述評》，頁 77～149）。因此解
一卦繇辭，則得盡牽旁卦來說明，支離
易義誠然是無以復加了。互體說易如
此，其他眾例的穿鑿尤甚，前人已多有
分辨〔詳見王引之，《經義述聞》第一冊
（臺北：臺灣商務，1979 年），頁 52～

58；焦循，《易圖略》，收於《皇清經解易類彙編》（臺北：藝文，未著出版年），頁 1163～1165；皮錫瑞，《經學通論》（臺北：臺灣商務，1980 年），頁 16～36〕，此地就不再贅述了。

36. 筮從竹構字，可知它所取媒介物乃為筴策（筴策為同義複詞），而非古有另出的草本蓍莖一類東西。後者演為撰蓍數營而成卦（《繫辭傳》率先開啟），中間的陰陽爻畫記憑空出現已甚為可怪（畫記和蓍莖有何邏輯關連總是說不清楚），更別說還有蓍莖來源及其適用性等諸多疑點留在歷史裏不曾解決。參見周慶華，《文苑馳走》（臺北：文史哲，2000 年），頁 237～238。

37. 分別語出〈士冠禮〉和〈少牢饋食禮〉。詳見賈公彥等，《儀禮注疏》，收於《十三經注疏》，頁 3～6、557～558。

38. 這由《繫辭傳》首倡「大衍之數五十，其用四十有九。分而為二以象兩，掛一以象三，揲之以四以象四時，歸奇於扐以象閏，五歲再閏，故再扐而後卦……是故四營而成易，十有八變而成卦」（詳見孔穎達等，《周義正義》，收於《十三

經注疏》，頁 152～153）；後又有朱熹再強為細擘該四營十八變的規模（詳見朱熹，《周易本義》，〈筮儀〉，頁 2～4），都是前所未聞。

39. 前面所徵引《周禮》著錄的筮人專職、《儀禮》記載的筮占流程和《禮記》發覆的重易尊天說等，都可見筮占事無從出離古人現實生活的一斑。

40. 這在古今都是同一境況，由上古《周易》所開啟的於今仍未曾減卻。詳見江敬嘉，《我是通靈人》（臺北：商訊，2008年）；江嘉葉，《通靈人之果報輪迴》（臺北：宇河，2013年）；吳先琪，《我與濟佛的因緣》（臺北：洪葉，2014年）；秀慈，《通靈筆記》（臺北：笛藤，2017年）；林勝義，《佛法奇蹟》（臺中：白象，2017年）；陶貓貓，《見鬼之後：通靈港女陰陽眼實錄與靈譯告白》（臺北：時報，2019年）。

41. 詳見周慶華，《靈異語言知多少》，頁 33～39。

42. 參見周慶華，《文化治療》（臺北：五南，2012年）；《跟君子有約：在全球化風險中找出路》（臺北：華志，2020年）；《《莊

子》一次看透》（臺北：華志，2020 年）；
《君子學：後全球化時代的希望工程》
（臺北：華志，2021 年）。

43. 語出《隋書・經籍志》。詳見長孫無忌
    等，《隋書》（臺北：鼎文，1979 年），
    頁 912～913。

44. 歷來或解周字為代名，或解周字為周普
    （易道普遍而無所不備）／周匝（易能
    周流於四時）／周轉變化（周環運動），
    也許有一相應於傳易者加字的用心，但
    要數切近於原易，則都嫌空口無憑（即
    使最早專事說易的十翼也未嘗見加周
    字）。相關解周字的說詞，詳見孔穎達
    等，《周易正義》，收於《十三經注疏》，
    頁 5～6；錢基博，《周易解題及其讀法》
    （臺北：臺灣商務，1980 年），頁 5～
    11；郭建勳，《新譯易經讀本》（臺北：
    三民，2019 年），〈導讀〉，頁 9～11。

45. 《禮記・祭義》載「易抱龜南面」，鄭玄
    注「易，官名」（詳見孔穎達等，《禮記
    正義》，收於《十三經注疏》，頁 826），
    可證此一總稱說。

46. 參見張華，《博物志》，收於《增訂漢魏

叢書〔四〕》（臺北：大化，1988 年），
頁 3063～3064。

47. 屈原〈離騷〉說「時繽紛其變易兮，又
何可以淹留」〔詳見洪興祖，《楚辭補注》
（臺北：藝文，1981 年），頁 72〕，約
略就是採用此義。

48. 許慎《說文解字》所謂「巫，巫覡也，
女能事無形以舞降神者也」和「覡，能
齊肅事神明者，在男曰覡，在女曰巫」
等（詳見段玉裁，《說文解字注》，頁 203
～204），都說到巫覡能通神的特性，因
此由他們擔任筮事自是合適。至於祝史
偶爾也兼任筮事，則已有前引《儀禮‧
少牢饋食禮》文可以印證；另外《周易》
巽卦有「用史巫紛若」（詳見孔穎達等，
《周易正義》，收於《十三經注疏》，頁
129），該史就是祝史（可兼任筮事），當
也可知此中的「分工合謀」情況。

49. 自來釋易的名目，始於《易緯乾鑿度》：
「易一名而含三義，所謂易也（鄭玄〈易
贊及易論〉依此作易簡），變易也，不易
也。」（詳見孔穎達等，《周易正義》，收
於《十三經注疏》，頁 3）。但這除了多
襲陳說〔先前《繫辭傳》所謂「夫乾，

確然示人易矣。夫坤，隤然示人簡矣」、「為道也屢遷，變動不居，周流六虛，上下无常，剛柔相易，不可為典要，唯變所適」和「天尊地卑，乾坤定矣。卑高以陳，貴賤位矣。動靜有常，剛柔斷矣」等，已有此義（詳見孔穎達等，《周易正義》，收於《十三經注疏》，頁 166、173～174、143）〕，還有衍生太過的弊病（當中變易一理乃引向人事變通，也跟掌筮事者特殊能耐的取義不類）。

50. 筮法為周人所獨擅（殷人只用卜法），源頭不明。有論者推測它原為苗族所有，後來苗人北竄為戎狄，該筮法也隨著遠傳〔詳見張心澂，《偽書通考》（香港：友聯，未著出版年），頁 52～53〕。這意味著殷商為大國，文化凌越蠻夷之上，自無師法對方筮占的道理；只有周人跟它毗鄰，能兼容並蓄，加以研習，而合併殷商的龜卜（周人兼採卜法部分，詳後），以成就自我特有的占法。此類考索的可靠性如何，不得而知（同樣的，我們還可以再追問苗人的筮法又從何而來？論者一定會窮於應變）；只能確定筮法早已在周地普遍流行，才有

《周易》一書據以為體現（反過來先有《周易》一書例示而後始有筮法被發掘，就很難想像，不如把源頭一事存而不論）。

51. 爻，原為交錯畫（參見段玉裁，《說文解字注》，頁 129），已見於殷商甲骨卜辭和周代器皿古籀〔參見于省吾，《易經新證》（臺北：藝文，1975 年），頁 17〕，後人追加稱它們為陰陽爻；而卦，當跟筮占時筮者從韇具中抽取筴策掛於木（詳見前引《儀禮・少牢饋食禮》文）有關，所得名也僅如此。

52. 這猶如世俗中所見八字／看相／摸骨／風水／測字／命盤／手印／口訣／筊杯／紫微斗數／符咒／籤詩／星座／塔羅牌／卜杖／靈應盤等媒介物分布，全屬幌子道具（為背後相關靈隊所擇用以便提升信眾的敬服度），其實所問事早已在神靈的掌握中。參見丹尼爾，《當神祕學來敲門》（臺北：尖端，2005 年）；向立綱，《活靈活現——看清影響你今生的前兩世》（臺北：新新聞，2007 年）；蔡果億，《找對神通搭對線》（臺北：橡實，2007 年）；索非亞，《靈

界的譯者》(臺北：三采，2009 年)；蔣
正虎，《命理師沒有告訴你的 9 件事》
(臺北：大千，2009 年)；天空為限，
《算命！99％的人都想知道的命運超
好玩》(臺北：柿子，2012 年)；張開基，
《廣義靈魂學》下冊(臺北：宇河，2013
年)；蘇家綿，《卡到陰：一個造命世家
的女兒，從卡陰通陰陽到修行的靈界接
觸》(臺北：橡實，2014 年)；郭德芬，
《靈魂祕笈 3·不要跟豬計較人生》(新
北：零極限，2015 年)。

53.《周禮》敘卜法甚詳而未及筮法(詳見
賈公彥等，《周禮注疏》，收於《十三經
注疏》，頁 357～376)，大概是筮法至簡
(諸如從韇具中抽筴策而筴策上有畫
記之類)，盡人都知道，所以置而不論。

54.有關殷人卜旬部分，參見屈萬里，《屈
萬里全集⑭·書傭論學集》，頁 48～69。
又原易的繫辭疑都在畫記旁邊(前所引
《儀禮·少牢饋食禮》文中說的「書卦
於木(要給主人看覷)」，如果也把占辭
一併附上，那麼最有可能的就是著錄在
畫記側面)，猶如甲骨卜辭的例則；爾
後編纂者採集該畫記，並將繫辭分列於

後，而傳易者又另冠以初、二、三、四、五、上一類名目數字。

55.占筮者選擇發出占斷結果，難免都會有誰屬輕重緩急的考量，只是那都沒得旁人去過問（有的話，也會得到「天機不可洩露」一類的搪塞語而自討沒趣）。

56.此乃因卜占和筮占各有專屬靈隊在護持的緣故。當中明列區劃如《禮記・曲禮》所載「卜筮不相襲」（詳見孔穎達等，《禮記正義》，收於《十三經注疏》，頁 60）語已甚詳；而簡擇從事則有《周禮・春官》所載「凡國之大事，先筮而後卜」（詳見賈公彥等，《周禮注疏》，收於《十三經注疏》，頁 376）在確立理則，都可以參看。

57.貞為龜卜用語，這在卜辭中最為常見（詳見羅振玉，《增訂殷墟書契考釋》，卷下，頁 1～53）；而《周禮・太卜》也有「凡國大貞，卜立君，卜大封，則眂高作龜」相關記載（詳見賈公彥等，《周禮注疏》，收於《十三經注疏》，頁 372）可證。

58.確切的說是龜卜所屬靈隊位階高於筮策所屬靈隊（能耐當也較強）。例子如《

左傳》所述:「(僖公四年)初,晉獻公欲以驪姬為夫人,卜之不吉,筮之吉,公曰:『從筮。』卜人曰:「筮短龜長,不如從長。」(詳見孔穎達等,《春秋左傳注疏》,收於《十三經注疏》,頁 203)這也可以反證《周禮》為什麼要詳敘卜法了:只有繁瑣工序才能「自鳴其高」或「自顯優著」(反過來筮法的擇取無此條件就不如對方可裝模作樣「慎重其事」了)。

59.《禮記・曲禮》載「卜筮不過三」(詳見孔穎達等,《禮記正義》,收於《十三經注疏》,頁 59),這當是早已通行的戒條。

60. 這種緊張氣氛,也可從一件類似事來窺見一二。它是《史記・日者列傳》所載的「孝武帝時,聚會占家問之:『某日可取婦乎?』五行家曰可,堪輿家曰不可,建除家曰不吉,叢辰家曰大凶,曆家曰小凶,天人家曰小吉,太一家曰大吉。辯訟不決。以狀聞,制曰:『避諸死忌,以五行為主。』」(詳見司馬遷,《史記》,頁 3222)光一個卜問娶親,各路人馬在宮廷就這樣鬧得不可開交,那再而三筮

請求對命筮者和占筮者來說可以想見彼此於言語上會多麼的「劍拔弩張」！

61. 比喻／象徵語藝都是有意在升高難解度，常會讓讀者視為畏途。參見 Candace Savage 著，蘇有薇譯，《魔法師：科學之父眼中的魔法世界》（臺北：三言社，2005 年），頁 74；George Lakoff 等著，周世箴譯，《我們賴以生存的譬喻》（臺北：聯經，2006 年），頁 283～288。

62. 有論者以易辭的體例不同而論斷《周易》乃編纂成書〔詳見李鏡池，〈周易筮辭考〉，收於《古史辨》第三冊，頁 187～195；嚴靈峯，《易學新論》（臺北：正中，1984 年），頁 46～82〕，這算慧眼獨具；只是他們都未能再證此中所涉筮理和部件增衍等經緯，仍無補於事。此外，還有論者試為根據書中所載習俗（如掠婚、畜臣妾和用具等）、史事（如帝乙歸妹、亨於西山／岐山、東鄰殺牛／不如西鄰之禴祭、箕子之明夷和康侯用錫馬蕃庶等）、器用（如十朋和簋等）和常語（如鬼方和折首等）諸般現象而推及《周易》作於周初武成時期〔詳見余永梁，〈易卦爻辭的時代及其作者〉，

收於《古史辨》第三冊,頁 143～169;
屈萬里,《屈萬里全集⑭·書傭論學集》,
頁 7～28〕,這約略只能觸及部分卦體的
成形時代而不足以概括全書,畢竟筮者
為天子／諸侯／大夫決疑本不在一時,
自殷周之際以迄西周末葉都有可能見
跡(以《左傳》和《國語》已引及該書
的現象來看,該書所哀集的案例當都不
晚於西周末葉)。

63. 龍為實物(甲骨卜辭中多見),特性正
如許慎《說文解字》所描述的「鱗蟲之
長,能幽能明,能細能巨,能短能長,
春分而登天,秋分而潛淵」(詳見段玉
裁,《說文解字注》,頁 588)。牠並非像
論者所說的僅為神物或蛇的圖騰〔詳見
楚戈,《龍史》(臺北:楚戈,2009 年)〕,
而是古來都可見著;遠如《左傳》所平
述的「(昭公二十九年)秋,龍見於絳
郊」(詳見孔穎達等,《春秋左傳注疏》,
收於《十三經注疏》,頁 922),近如今
人所無意中多觀察到的能騰空降雨〔詳
見張開基,《臺灣首席靈媒與牽亡魂》
(臺北:張開基,1995 年),頁 139～
140;宇色,《我在人間的靈界事件簿》

（臺北：柿子，2012 年），頁 89～90；
吳美雲採訪，《與大師談天 2 孫儲琳：
是特異功能？還是潛能？》（臺北：英
文漢聲，2016 年），頁 34～35〕，莫不
「歷歷在目」。由於龍物特殊，為了有
別於傳言欠精，所以姑且不顧注釋體例
而辨說如上。

64. 君子，在還沒有經過孔子賦予德行義以
前，都指有爵位的侯王（大君／天子之
子）或大夫（國君／諸侯之子）。至於大
人，則始終是天子的異稱，如《周書・
小開》所載「德枳維大人，大人枳維公，
公枳維卿，卿枳維大夫，大夫枳維士」
〔詳見朱右曾，《逸周書集訓校釋》（臺
北：藝文，未著出版年），頁 60〕和《易
緯乾鑿度》所載「易有君人五號也：帝
者，天稱也；王者，美行也；天子者，
爵號也；大君者，與上行異也；大人者，
聖明德備也。變文以著名，題德以別操」
〔詳見鄭玄，《易緯乾鑿度注》（臺北：
老古，1981 年），頁 10〕等可證；直到
原指庶民的小人轉為無德者的專稱後，
跟他相對的大人才變義成官場中人或
親長或成年人。參見周慶華，《跟君子

有約：在全球化風險中找出路》，頁 21
～ 26。

65. 古有搶婚習俗（此處引以為戒）。參見
　　屈萬里，《屈萬里全集①・讀易三種》，
　　頁 475～476。

66. 此處方所指的方國，猶如甲骨卜辭中常
　　見的土方／盂方／人方／井方之類，屬
　　異族國度。參見屈萬里，《屈萬里全集
　　①・讀易三種》，頁 488～489。

67. 相關占辭，可考釋的甚多。參見屈萬里，
　　《屈萬里全集⑭・書傭論學集》，頁 38
　　～ 40。

68. 古時征伐，有執俘以祭的習俗（甲骨卜
　　辭／《逸周書》／《左傳》中多有記載）。
　　參見陳夢家，《殷墟卜辭綜述》，頁 279
　　～ 280；屈萬里，《屈萬里全集⑰・屈萬
　　里先生文存第一冊》，頁 81～83。

69. 施蠱是黑巫術的一種，或以咒語害人，
　　或以毒蟲傷人，中外都有案例被著錄流
　　行。詳見 Tean-Michel Sallmann 著，馬
　　振騁譯，《女巫：撒旦的情人》（臺北：
　　時報，2004 年）；Karen Farrington 著，
　　黃鳳等譯，《巫怪的傳說》（太原：希望，
　　2007 年）；瞿兌之，《中國社會史料叢

鈔》（臺北：臺灣商務，1965 年）；林富
士，《漢代的巫者》（臺北：稻鄉，2004
年）。

70. 按：鼯鼠屬技多卻不精的一類，如《說
文解字》所說的「鼯，五技鼠也。能飛
不能過屋，能緣不能窮木，能游不能渡
谷，能穴不能掩身，能走不能先人：此
之謂五技」（詳見段玉裁，《說文解字
注》，頁 483）。

71. 按：箕子故事，《史記・殷本紀》有載「紂
愈淫亂不止。微子數諫不聽，乃與大師、
少師謀，遂去。比干曰：『為人臣者，不
得不以死爭！』迺強諫紂。紂怒曰：『吾
聞聖人心有七竅！』剖比干，觀其心。
箕子懼，乃詳（佯）狂為奴，紂又囚之」
（詳見司馬遷，《史記》，頁 108）；此外
孔子也另有讚言「微子去之，箕子為之
奴，比干諫而死。孔子曰：『殷有三仁
焉！』」（邢昺，《論語注疏》，收於《十
三經注疏》，頁 164）。

72. 按：古有牽羊以示臣服習俗，如《史記・
宋微子世家》所載：「周武王伐紂克殷，
微子乃持其祭器，造於軍門，肉袒面縛，
左牽羊，右把茅，膝行而前，以告，於

是武王乃釋微子。」(詳見司馬遷,《史記》,頁 1610)。

73. 按:大牲跟小牲相對。《周書‧世俘》載:「用小牲羊犬豕于百神水土、于誓社。」又:「用牛于天于稷五百有四。」(詳見朱右曾,《逸周書集訓校釋》,頁 91)羊犬豕為畜小者稱小牲,則牛為畜大者當稱大牲。

74. 詳見周慶華,《又有詩》(臺北:秀威,2007 年),頁 4～5。

75. 史上有所謂「蓍(筮)不神,龜不靈」的倡議或「毀卜呰筮」的行動〔詳見王充,《論衡》,收於《新編諸子集成七》(臺北:世界:1978 年),頁 235;王先慎,《韓非子集解》,收於《新編諸子集成五》,頁 88～89〕,約略就是在徵候這類信仰危機。

76. 詳見容肇祖,〈占卜的源流〉,收於《古史辨》第三冊,頁 252～308。

77. 詳見孔穎達等,《周易正義》,收於《十三經注疏》,頁 175。

78. 同上注,頁 147。

79. 同上注,頁 173～174。

80.參見周慶華，《微雕人文——歷世與渡化未來的旅程》(臺北：秀威，2013 年)，頁 46～47。

81.分別詳見戴德，《大戴禮記》，收於《增訂漢魏叢書〔一〕》，頁 482；賈誼，《新書》，收於《增訂漢魏叢書〔三〕》，頁 1645；高誘，《淮南子注》，收於《新編諸子集成七》，頁 1～2；劉歆，《西京雜記》，收於《增訂漢魏叢書〔二〕》，頁 1076。

82.參見周慶華，《微雕人文——歷世與渡化未來的旅程》，頁 47～48。

83.詳見沈清松，《解除世界魔咒——科技對文化的衝擊與展望》(臺北：時報，1986 年)，頁 24。按：此地只取一限定義，而不理會歷來層出不窮的異見糾纏。後者可參見 Fred Inglis 著，韓啟羣等譯，《文化》(南京：南京大學，2008 年)；Jeff Lewis 著，邱誌勇等譯，《文化研究的基礎》(臺北：韋伯，2005 年)；Chris Barker 著，羅世宏等譯，《文化研究——理論與實踐》(臺北：五南，2004 年)。

84.同上注沈清松書，頁 24～29。

85. 參見周慶華,《靈異語言知多少》,頁 142 ～143。

86. 同上注,頁 149～150。

87. 這靈體又可細分為神靈／人靈／鬼靈 ／物靈等(神靈為原存精氣;鬼靈為人 死後回復為精氣的異稱)。形製除了神 靈不定〔可比照人體,也可比照物體(如 龍神／虎爺／犬公之類)〕,其餘人靈／ 鬼靈則比照人體而物靈乃比照物體(包 括山魅、水怪、樹妖、石祟、蛇精、狐 仙……等);至於質地則像半透明的雲 霧或可形容為奶油棉布／被踩爛的衛 生紙／包乾乳酪的紗布等,同時在沒有 肉體或軀殼束縛的情況下特別具有變 化飛升脹縮(收縮後再恢復為原形)等 自由來去的本事。參見 Michael Newton 著,曾怡菱譯,《靈魂的旅程》(臺北: 十方書,2003 年);Sasha Fenton 著, 朱玫菁譯,《通靈教戰手冊——開發你 的通靈潛能》(臺北:萊韻,2007 年); Mary Roach 著,貓學步譯,《活見鬼! 世上真的有阿飄?科學人的靈異世界 之旅》(臺北:時報,2019 年);蔡文華, 《前世今生的論證》(臺北:如來印經

會，1995 年）；劉清彥譯，《死後的世界》
（臺北：林鬱，2000 年）；盧勝彥，《靈
與我之間——親身經歷的靈魂之奇》
（桃園：大燈，2004 年）。

88.世上並存有無腦人和無頭人等，可為旁
證〔詳見 David Wilcock 著，隋凡等譯，
《源場：超自然關鍵報告》（臺北：橡
實，2012 年），頁 159～160；慈誠羅珠
堪布著，索達吉堪布譯，《輪迴的故事
——穿越前世今生，探索生命意義》（臺
北：橡樹林，2007 年），頁 20～22〕。
此外，古來始終備列的甚多出體／換魂
／降靈／招魂等案例，更能提供所要的
指實〔參見 Robert A. Monroe 著，翔翎
譯，《靈魂出體》（臺北：方智，1993 年）；
Budd Hopkis 著，劉偉祥譯，《羣魔亂舞
的靈異事件簿》（臺北：達觀，2004 年）；
張開基，《飛越陰陽界》（臺北：新潮社，
2000 年）；劉清彥譯，《儀式與魔法》（臺
北：林鬱，2001 年）；索非亞，《靈界的
譯者 2：跨越生與死的 40 個人生問答》
（臺北：三采，2010 年）〕。

89.分別詳見郭慶藩，《莊子集釋》，收於《新
編諸子集成三》，頁 320；戴德，《大戴

禮記》，收於《增訂漢魏叢書〔一〕》，頁482。

90. 參見周慶華，《靈異語言知多少》，頁122～126。

91. 參見周慶華，《新說紅樓夢》（臺北：華志，2020年），頁56。

92. 詳見注42所列周慶華書。

93. 參見 Dionysius 著，包利民譯，《神祕神學》（香港：漢語基督教研究所，1996年）；Francis X. King 著，何修宜等譯，《心靈神祕學百科》（臺北：故鄉，1996年）；丹尼爾，《當神祕學來敲門》。

94. 詳見 Jared Diamond 著，廖月娟譯，《大崩壞：人類社會的明天？》（臺北：時報，2006年），頁596引。

95. 詳見 Eric Grzymkowski 著，王定春譯，《這些話，為什麼這麼有哏？——名人毒舌語錄1200句》（臺北：本事，2015年），頁332。

96. 詳見焦桐主編，《味覺的土風舞：「飲食文學與文化國際學術研討會」論文集》，（臺北：二魚，2009年），頁10引。

97. 詳見水島治郎著，林詠純譯，《民粹時代：是邪惡的存在，還是改革的希望？》（臺北：先覺，2018 年），頁 244。

98. 詳見 Joshua Kurlantzick 著，湯錦台譯，《民主在退潮：民主還會讓我們的世界變得更好嗎？》（臺北：如果，2015 年）；John B. Judis 著，李隆生等譯，《民粹大爆炸：公民不服從，羣眾上街頭，美歐政局風雲變色的反思與警示》（臺北：麥格羅‧希爾，2017 年）；Jason Brennan 著，劉維人譯，《反民主：選票失能、理性失調，反思最神聖制度的狂亂與神話！》（新北：聯經，2018 年）；David Van Reybrouck 著，甘歡譯，《反對選舉》（臺北：聯合文學，2019 年）；David Runciman 著，梁永安譯，《民主會怎麼結束》（新北：立緒，2019 年）。

99. 詳見陳秉璋等，《邁向現代化》（臺北：桂冠，1988 年），頁 29～43；黃漢耀譯著，《文明也是災難》（臺北：張老師，1991 年），頁 2～13。

100. 參見周慶華，《君子學：後全球化時代的希望工程》，頁 27、54～56。

101.詳見 Geoffrey Cornelius 等著，丁致良譯，《占星學》（臺北：立緒，2004年）。

102.詳見 Sasha Fenton 著，朱玫菁譯，《通靈教戰手冊——開發你的通靈潛能》；Candace Savage 著，蘇有薇譯，《魔法師：科學之父眼中的魔法世界》。

103.甚至還有類如英美等國積極在利用靈媒的靈占來刺探政治的軍事機密、鎖定軍事目標及恐怖分子和影響各國領袖的想法（以接受他們的外交政策）等，宛如致命的武器！詳見 Freddy Sliva 著，賴盈滿譯，《麥田圈密碼》（臺北：遠流，2006年），頁 279～280。

104.參見周慶華，《跟君子有約：在全球化風險中找出路》，頁 180。

105.即使是當今個別通靈者他們在服務信眾問事時，背後也是有個或大或小的靈隊在給助力。詳見 Sylvia Browne 等著，黃漢耀譯，《來自靈界的答案》（臺北：人本自然，2005年）；Marilyn Raphael 等著，吳孝明等譯，《美國靈媒大師瑪麗蓮：通靈大師的精采人生暨見證》（臺北：智庫，2006年）；伶姬，《鬱金香通靈屋》（臺北：聯經，

2003 年）；潘明雪，《為什麼是我？菩薩找我當代言人》（臺北：宇河，2013 年）。

106.參見周慶華，《靈異語言知多少》，頁 112〜113。

107.語出《荀子・大略》。詳見王先謙，《荀子集解》，收於《新編諸子集成二》，頁 333。

108.詳見 Marilyn Raphael 著，江麗美譯，《天堂漫遊：跟著靈媒大師瑪麗蓮漫遊天堂》（臺北：智庫，2012 年）；史威登堡研究會編著，王中寧譯，《通行靈界的科學家──史威登堡獻給世人最偉大的禮物》（臺北：方智，2010 年）；程振清，《彌綸天地：記中國當代著名易經現代化應用專家赫英範》（桂林：漓江，1994 年）；林少雯，《現代異次元：十則靈療的故事》（臺北：聯經，2004 年）；大川隆法著，幸福科學翻譯小組譯，《史上最強驅魔寶典》（臺北：信實，2016 年）。

109.《左傳》／《國語》所藉為占筮的即使也類似多在人事（如娶妻／生子／嫁女／出仕／立君／奪國／出兵／作戰

等），但解說卻一逕附會《周易》卦意而未詳究對方的所從來。參見高亨，〈左傳國語的周易說通解〉，收於黃沛榮編，《易學論著選集》（臺北：長安，1985 年），頁 389～424。

110. 好比歷來有以《周易》為範本的金錢占卦／和鵲卦／雜卦等，基本上都只是憑空占斷而搆不上當時筮占所屬靈隊的授意，它的希冀冥應性定然沒得保證。此外，今人甚至還有跨域擷取西方撲克牌為媒介的〔詳見朱恩仁，《易卜家》（臺北：德威，2011 年）；蘇勝宏，《易占隨身手冊》（臺北：華志，2012 年）〕，這就更無法想像它的準度可以倖遇幾分！

111. 詳見 Plato 著，侯健譯，《柏拉圖理想國》（臺北：聯經，1989 年），頁 94～95；Aristotle 著，李真譯，《形而上學》（臺北：正中，1999 年），頁 9、16、452。

112. 詳見 David Van Reybrouck 著，甘歡譯，《反對選舉》，頁 84～95。

113. 詳見 Thomas L. Friedman 著，蔡繼光等譯，《了解全球化：凌志汽車與橄欖

樹》（臺北：聯經，2000 年）；David Held 等著，林佑聖等譯，《全球化與反全球化》（臺北：弘智，2005 年）；George Ritzer 著，王雲橋等譯，《虛無的全球化》（上海：上海譯文，2006 年）；André Fourçans 著，武忠森譯，《這就是你面對的全球化》（臺北：博雅，2007 年）；Pankaj Ghemawat 著，胡瑋珊譯，《$\frac{1}{10}$ 與 4 之間：半全球化的時代》（臺北：大塊，2009 年）；Tony Schirato 等著，游美齡等譯，《全球化觀念與未來》（臺北：韋伯，2009 年）；Stephen D. King 著，吳煒聲譯，《大退潮：全球化的終結與歷史的回歸》（臺北：日月，2018 年）。

114. 詳見香港聖經公會，《聖經》（新標點和合本）（香港：香港聖經公會，1996 年），頁 168。

115. 詳見 John Bowker 著，商戈令譯，《死亡的意義》（臺北：正中，1994 年）；矢內原忠雄著，張漢裕譯，《基督教入門》（臺北：協志，1992 年）；林天民，《基督教與現代世界》（臺北：臺灣商務，1994 年）。

116. 詳見 Max Weber 著，于曉等譯，《新教倫理與資本主義精神》（臺北：谷風，1988 年）；Reinhold Niebuhr 著，關勝渝等譯，《基督教倫理學詮釋》（臺北：桂冠，1992 年）；Alvin J. Schmidt 著，汪曉丹等譯，《基督教對文明的影響》（臺北：雅歌，2006 年）。

117. 詳見袁定安，《猶太教概論》（臺北：臺灣商務，1996 年）；馬鄰翼，《伊斯蘭教概論》（臺北：臺灣商務，1996 年）。

118. 詳見汪信硯，〈全球化與反全球化——關於如何走出當代全球化困境問題的思考〉，刊於《北京大學學報（哲學社會科學版）》第 47 卷第 4 期（北京），頁 33～35。

119. 參見周慶華，《君子學：後全球化時代的希望工程》，頁 57～60。

國家圖書館出版品預行編目資料

<<周易>>一次解密 / 周慶華著. -- 初版. -- 臺
北市：華志文化事業有限公司, 2021.11
　面；　公分. -- (典籍新讀 ; 2)
ISBN 978-626-95187-4-6(平裝)

1. 易經 2. 研究考訂
121.17　　　　　　　　　　110016956

日華志文化事業有限公司

系列／典籍新讀02

書名／《周易》一次解密

作者　周慶華

執行編輯　楊雅婷

美術編輯　簡煜哲

封面設計　王志強

文字校對　陳欣欣

企劃執行　康敏才

總編輯　黃志中

社長　楊凱翔

出版者　華志文化事業有限公司

電子信箱　huachihbook@yahoo.com.tw

電話　0937075060

地址　116 台北市文山區興隆路四段九十六巷三弄六號四樓

總經銷商　旭昇圖書有限公司

地址　235 新北市中和區中山路二段三五二號二樓

電話　02-22451480

傳真　02-22451479

郵政劃撥　戶名：旭昇圖書有限公司（帳號：12935041）

書號　G502

出版日期　西元二〇二一年十一月初版第一刷

PRINT IN TAIWAN

華志文化